一钩新月天如水

——现代作家萧红的三维品鉴

阮莉萍 著

吉林文史出版社

图书在版编目（CIP）数据

一钩新月天如水：现代作家萧红的三维品鉴 / 阮莉萍著 . — 长春：吉林文史出版社，2017.12
ISBN 978-7-5472-4677-1

Ⅰ . ①一⋯ Ⅱ . ①阮⋯ Ⅲ . ①萧红（1911-1942）-人物研究 Ⅳ . ① K825.6

中国版本图书馆 CIP 数据核字（2017）第 304513 号

一钩新月天如水：现代作家萧红的三维品鉴
YIGOUXINYUETIANRUSHUI：XIANDAI ZUOJIA XIAOHONG DE SANWEIPINJIAN

出 版 人 / 孙建军
作　　者 / 阮莉萍
责任编辑 / 王明智
封面设计 / 人文在线
出版发行 / 吉林文史出版社
地　　址 / 长春市人民大街 4646 号　　　　邮　　编 /130021
网　　址 / www.jlws.com.cn
电　　话 / 0431-86037501
印　　刷 / 廊坊市海涛印刷有限公司
开　　本 / 710mm×1000mm　　　　16 开
字　　数 / 241 千字
印　　张 / 18
版　　次 / 2018 年 2 月第 1 版　　　　2018 年 2 月第 1 次印刷
书　　号 / ISBN 978-7-5472-4677-1
定　　价 / 62.00 元

自　序

　　她是一弯治愈系的月亮。

　　清冷的背景、澄澈的光芒、恒久的孤独。

　　她身不由己，顺着环绕太阳的轨道，领受属于自己的悲欢离合。

　　她选择了黑夜，在太阳照耀不到的地方，用自己的光芒温柔了恐惧的夜晚。

　　她是属于美的，而不属于力。她需要爱与温暖，如同需要太阳的辐射，才能辉映出皎洁的月色。她是宇宙的清眸，以超越自我的悲悯目光，观照着偏僻乡野里的生生死死；她是梦境的女儿，用模糊距离的理想衣裳，轻轻覆盖了过往所有的疼痛不堪。

　　月圆月缺，遗憾是娑婆世界永远的主题。母爱的缺席、父爱的匮乏，在她的心灵上留下难以平复的深坑。然而她也是幸运的，祖父的温煦，给予了她自由活泼的儿童岁月，种下一生取之不尽的才思与深情。她憧憬着更美好的世界，然而又被乌云湮没了追求，出逃家庭、怀孕被弃，使她成为现代文学史上著名的弃儿，孤独地挂在远离人群的天空中。

　　天高地远，知音是苍茫人间唯一的温暖。悄吟的声音，也会有谛听的耳朵，所有的相遇都是久别重逢。萧军的保护，给予她斗争的勇气；

鲁迅的指引，赋予她思想的锋芒；端木的欣赏，赠予她重生的机遇。她从封建家庭出发，以"女儿"的身份，与这个时代反叛旧秩序的"逆子"站在了一起，跃出沉寂压抑的大海，奔向自由浩瀚的天空。

"碧海青天夜夜心"，她以一意孤行的决绝，抵制了旧社会规范对女性的塑造，也逃离了男权对女性的无形压抑。她一路孑孓而行的孤独身影，展现了生命能够拼力绽放的所有精彩，辉煌了那些属于她自己的月圆之夜。

然而几千年的历史陋习，诸如男尊女卑和三从四德，在人们的潜意识里仍然占据主导地位。思想的激进，并不能根除家庭传统习俗的影响。由于女性解放的思想还未成为现实，五四时期出走的"娜拉"，处于旧传统与新思想的夹缝中，承受着历史与现实的双重压力。

旧家庭中的"女儿"角色，往往使她难以摆脱依赖，而不自觉地沉迷于"被保护"的幻梦中。同时，以家为代表的安稳，诱惑着脱离家庭后经济基础丧失的女性，萧红一次次的爱情悲剧，体现了"女儿"的弱小地位。作为走出封建秩序的新一代，萧红面临着从生存到精神的更生，同时面临两性世界的重建，她困惑于"妻子"的定义，更在无奈中放弃了"母亲"的身份。

在女性自觉意识上，萧红作为五四一代的新女性，为争取自我的独立价值而自始至终坚持了抗争。她为了维护个人尊严，在面对艰难生活时，也不肯向封建堡垒中的父亲低头。在两性关系中，萧红也始终与自身"女儿"式的依赖搏斗着，从而在痛苦中实现超越。萧红的文字，呈现了她在旧秩序的阴影下，与传统女性意识艰难剥离的过程，也反映了她对现实的抗衡与自我的精神成长。

本书在写作的过程中，从作者和文本研究的基本点出发，努力实现更多维的思考，主要体现为以下三个方面：

一、在历史文化传承上，叩开女性文学的半掩门扉。从南北朝民歌、古代女诗人李季兰的感悟、《红楼梦》的女性观和《牡丹亭》的情教思想，都是翻阅萧红这本书的习习清风。当代的婚恋现象，也可以提供给我们对照的文化视角，来探寻两性关系的理想状态。书写，作为萧红认知自我和世界、并有所反思和批判的方式，同时也宣泄了她的心理积郁。在女性文化的河流中，重新经历萧红一苇漂流的探险历程，这种精神苦难不但属于她，也属于历史，因为这一颗莹澈的水滴，映照出的是所有女性的忧伤。

二、在社会思想变革上，领略五四激涌的时代潮流。古典文化与西方思潮的融汇，开启了一个自由民主的新窗户，在黑暗的铁屋子里，向往未来的知识分子们，看见了璀璨的希望星光，在男性为主导的启蒙思想中，女性解放也占有了一席之地。胡适的个性主义和超贤妻良母主义，提出了女性独立于男性之外的个人和社会价值。鲁迅撰写了大量杂文和小说，呼吁破除封建节烈观，实现女性在经济和社会地位上的平等权利。周作人提出"人的文学""平民文学"，倡导"革除一切人道以下或人力以上的因袭的礼法，使人人能享自由真实的幸福生活"。这些社会的贤哲，无疑是萧红强大的精神支撑力量。

三、在心理分析层面上，借用西方学者的透视眼光。在马斯洛"人的基本需要层次"上，观照萧红的"爱与归属"渴望，和强烈的"自我实现"愿望。在弗洛姆所讲述的《爱的艺术》里，感悟父爱和母爱对性格的塑造。罗洛·梅所阐述的自由意志和爱的能力，便于我们冷静地面对萧红与恋人们的矛盾，分析他们个性与思想的分歧，感悟现实中爱情婚姻和家庭的不易。心理学促使我们更理性地看待萧红，以及她恋人们的成长历程和心理缺憾，同时更具有悲悯和博大的胸怀。

星星的光芒，是可以互相读懂的语言。追求真善美的心灵，可以穿越时间和空间，彼此热切地呼应。"春江潮水连海平，海上明月共潮生"，在身世阴影和恩怨浮云之外，站在社会、历史、文化和心理的更高山峰，眺望萧红作为五四新女性的里程碑意义，也许更能够感悟她在时代潮流中的深刻意义吧。

宇宙渺远，天色如水，那一轮圆亏循环的月亮，仿佛在慢慢治愈所有女性的生命创伤。在独特的文字光芒中照彻人间的，永远是灵魂的真纯之美。

目　录

卷五　婚姻家庭篇

卷六　个人价值篇

卷一
女性历史篇

引言：田间的诗
　　——1938 年 4 月 17 日夜在西安，
　　　为告别萧红姊而写

（一）所谓伊人
　　——从《诗经》歌吟看萧红心路

（二）五四启蒙
　　——从《美国的妇人》看萧红觉醒

引言：田间的诗
给萧红
——1938 年 4 月 17 日夜在西安，为告别萧红姊而写

中国的

女人

都在哭泣。

在生死场上

哭泣，

在火边

哭泣，

在刀口

哭泣，

在厨房里

哭泣，

在汲井边

哭泣。

呵，

让你的活跃的血液，

从这战斗的

春天底路上，

呼唤

姊妹，

提携

姊妹，

——告诉她们，

从悲哀的

家庭里，

站出来——

到客堂

吃饭，

上火线演讲，

去战地

打靶……

中国的女人

不能长久哭泣。

（一）所谓伊人

——从《诗经》歌吟看萧红心路

为了要追求生活的力量，

为了精神的美丽与安宁，

为了所有的我的可怜的人们，

我得张开我的翅膀……

——萧红《亚丽》

中国的女子，是从《诗经》里缓缓行来的，在"所谓伊人，在水一方"的遥望里，在"巧笑倩兮，美目盼兮"的回眸中，也在"于嗟鸠兮，无食桑葚"的怨叹间。从《诗经》的清歌、《乐府》的弹唱、卓文君的悲吟，到萧红的心语，这些氤氲着远古草木气息的女性，迤逦穿越千年时光，袅袅娜娜地向我们走来，诉说着她们的故事。

《诗经》来源于民间生活、来自于现实感受，记载着先古女性对爱情与生活的歌咏。遥望黄河两岸的女子，她们以天然而质朴的声音，吟唱着的邂逅相遇的欢喜、相恋相思的惆怅、琴瑟和谐的甜蜜、乱世别离的忧伤、还有负心背盟的憾恨。汉溱洧淇一湾湾清澈奔腾的支流，清凉地漫过她们小麦色的脚踝；广袤田野里一束束蕙兰蘅芷的芬芳，悠然地捧在她们劳作后的掌心。在她们的世界里，欢笑与泪水同样赤诚，幸福与怨恨都令人动容。

孔子曰："《诗》三百，一言以蔽之。曰'思无邪'。"东方女性走向成熟的生命，曾经沐浴着人情的阳光雨露，也经受着社会的冰雪风霜，而她们的温柔多情、勤劳贤惠、克制忍让，犹如厚重的地母情怀，承载着人类的繁衍生息。

《诗经·国风》三分之一的篇幅，描述着远古女性的爱恋情怀。她们情窦初开，率真娇媚、坦率热情，毫不压抑内心的情感：

> 摽有梅，其实七兮。求我庶士，迨其吉兮。
>
> 摽有梅，其实三兮。求我庶士，迨其今兮。
>
> 摽有梅，顷筐塈之。求我庶士，迨其谓之。
>
> （《诗经·召南·摽有梅》）

青春像枝头的梅子，透出圆润甜蜜的气息，爱情诱惑着她们逃离枝头，投入心仪的男子怀抱。"窈窕淑女，钟鼓乐之""窈窕淑女，琴瑟友之"，这是一个多么和谐的两性世界，源自内心的爱情旋律，流淌着清澈而动人的乐章——这就是中国女性的童真时代。

《诗经》中的女性是清水芙蓉，《诗经》中的爱情是一树春花，真实的爱生长于自然间，散发着朴素的灵魂之美：

> 关关雎鸠，在河之洲。窈窕淑女，君子好逑。
>
> 参差荇菜，左右流之。窈窕淑女，寤寐求之。
>
> 求之不得，寤寐思服。悠哉悠哉，辗转反侧。
>
> 参差荇菜，左右采之。窈窕淑女，琴瑟友之。
>
> 参差荇菜，左右芼之。窈窕淑女，钟鼓乐之。
>
> （《诗经·周南·关雎》）

那个窈窕的姑娘，和着水鸟的清鸣，站在水中捞取荇菜。这片广阔的天地弥漫着花草的清香，青葱般的女子采摘着水中的植物，采摘着生活中的快乐与希望。岸上劳作的男子与她脉脉相望，带着古朴与浪漫的情调，吟唱着琴瑟相和的求偶心声。

男女相爱之情，原是轻松愉悦的，心上人赠送的任何一点礼物，彼此都会把它放在心上，当作珍贵的情意看待，于是产生了《卫风·木瓜》这样曲调欢快的诗歌：

> 投我以木瓜，报之以琼琚。匪报也，永以为好也！
> 投我以木桃，报之以琼瑶。匪报也，永以为好也！
> 投我以木李，报之以琼玖。匪报也，永以为好也！

（《诗经·卫风·木瓜》）

一个亲手种植的木瓜里，有着用岁月浇灌的爱，而为了表示与你永远缔结这美好的情缘，可以把自己最贵重的珍宝，毫不犹豫地交给你！这赤诚的奉献，就是源源不尽的爱之甘泉，让几千年后的我们，不得不为她们的勇敢和率真拍手叫绝。

她们敢爱敢恨，怀着一腔烂漫的纯情，敢于主动追求男子，私赴情人的幽会：

> 喓喓草虫，趯趯阜螽。未见君子，忧心忡忡。亦既见止，亦既觏止，我心则降。
>
> 陟彼南山，言采其蕨。未见君子，忧心惙惙。亦既见止，亦既觏止，我心则说。
>
> 陟彼南山，言采其薇。未见君子，忧心伤悲。亦既见止，亦既觏止，我心则夷。

（《诗经·召南·草虫》）

这些撼人心魄的女子，大胆地追求着自己的爱情，以自己的真情至性，演绎出一首首美丽的诗歌。你看，爱情是多么折磨人啊，在陷入爱河之后，就有漫漫的相思：

彼狡童兮，不与我言兮。维子之故，使我不能餐兮。

彼狡童兮，不与我食兮。维子之故，使我不能息兮。

（《诗经·郑风·狡童》）

女性的悲剧，与弱者的被奴役是划等号的。相对于掌握着经济权与话语权的男子，女性只能处于社会的边缘地位。然而恋爱期男子的见异思迁，也会引发女子的恼怒：

子惠思我，褰裳涉溱。子不我思，岂无他人。狂童之狂

也且。

子惠思我，褰裳涉洧。子不我思，岂无他士？狂童之狂

也且！

（《诗经·郑风·褰裳》）

这个自尊的女子，没有在男子移情后默默流泪，而是告诫他：你若不专一，我也可以爱上别人！她是那么爱憎分明，爱了便深爱，不爱便转身，准备骄傲地离开这个"狂童"。

孔子根据民间歌谣编订的《诗经》，以宽厚和悲悯的长者心态包容了古代妇女的所有悲喜。从那一篇篇动人的爱情婚姻诗篇里走来的一个个男子女子，不过都是平凡的芸芸众生，却一起辛勤地用爱酿造了甜蜜的生活。让他们感到幸福的，不是荣华富贵，而是一句句源自内心的甜蜜情话，一份份源于天地的自然礼物。这些在平平淡淡的日子里制造的小浪漫，令他们的生活有了不一样的光辉：

女曰鸡鸣，士曰昧旦。子兴视夜，明星有烂。

将翱将翔，弋凫与雁。弋言加之，与子宜之。

宜言饮酒，与子偕老。琴瑟在御，莫不静好。

知子之来之，杂佩以赠之。

知子之顺之，杂佩以问之。

知子之好之，杂佩以报之。

（《郑风·女曰鸡鸣》）

　　这个已经成家的男子，还是一副孩子气的模样，早上喜欢赖床，而勤勉的妻子天色微亮便起床，准备开始一天的劳作。她在枕边轻唤丈夫，并告诉他"公鸡已经打鸣"，该出门去打猎了。丈夫睁眼望一下窗外，蓝色晨曦里还是星光熠熠，说声"太阳还没出来呢"，翻个身继续寻梦。妻子亲昵地哄着他："你乖乖地起来，趁着鸟儿们刚刚展翅未飞远，去把肥美的野鸭和大雁射下来。我就在家洒扫庭除，洗手作羹汤，温酒待夫君，和你恩恩爱爱地过一辈子。"丈夫马上心花怒放地爬起来，摘下弯弓，冒着寒气去为他们一天的饮食奔波，临走的时候，还不忘送给妻子一个小小的佩饰，感谢她的温柔相待。

　　相依相守是幸福的，这对懂得爱的平民夫妻，真是这个早晨天下最幸福的人儿！彼此的心，就那样轻易地沉醉在了饮食男女的温馨里，享受着"琴瑟在御，莫不静好"的安谧时光。然而作为平民百姓，他们还不得不服徭役和兵役，乱世导致的别离，给那些恩爱夫妻带来了深刻的痛苦：

伯兮朅兮，邦之桀兮。伯也执殳，为王前驱。

自伯之东，首如飞蓬。岂无膏沐？谁适为容！

其雨其雨，杲杲出日。愿言思伯，甘心首疾。

焉得谖草？言树之背。愿言思伯，使我心痗。

《卫风·伯兮》中的妻子，对丈夫充满了崇拜之情，自从他远征之后，日夜思念的她，头发乱了也无心梳妆，更懒得擦脂抹粉——心爱的人不在，打扮漂漂亮亮的给谁看呢？她盼望着丈夫的音信，犹如久旱的大地渴望一场及时雨。然而即使想得失眠头疼、无法忍受，也没有远方的消息。她只好在北堂种下忘忧草，借以排遣刻骨铭心的思念。

《诗经》不仅记录了古代女性对恋人一往情深的思念，也记录了她们对负心男子的怨恨，对宗法族规坚定执着的反抗，以及被抛弃后的凄婉悲歌。爱情之花，往往凋谢在家规的限制、男子的变心、男尊女卑的地位、缺乏保障的婚姻中。

以《卫风·氓》里的弃妇为例：她也曾自由恋爱，陷入过"女之耽兮，不可说也"的一往情深；她多年辛苦持家，品尝过"三岁为妇，靡室劳矣"的酸甜苦辣；她长期痛苦不堪，遭受了"士也罔极，二三其德"的负心；她如今无处诉苦，隐忍着"兄弟不知，咥其笑矣"的羞辱。在她年老色衰的时候，男子已经忘记了当初"信誓旦旦"的柔情，等待她的不过是被打骂的日子和被遗弃的惨淡收梢。而这个温柔敦厚的女子，没有任何过激的报复行为，只是说一声"反是不思，亦已焉哉"，就干脆利落地结束了一切，乘车渡过淇水，挥别了曾经付出过青春与心血的"家"。然而，当她走出家门，等待她的会是什么？

千百年来，大多痴情女子在被弃后只能默默承受悲凉的命运。她们对自己的境遇无从辩解，只是在历史中愈来愈沉默的"她"——一个被社会轻贱的群体。她们的一生，不过是从父权的奴隶转为夫权的奴隶，家庭是她们唯一的依靠，一旦关系破裂，就会遭到社会的遗弃，生活更是悲惨。她们将幸福寄于婚姻，一生都在尽心竭力地谋求这种幸福的长久。大多女性在缺乏安全感的恐惧中生活，时时为自己的命运与前途而担忧。

被男性所"求"，对于女性来说是一种甜蜜与幸福；然而一旦被男性所"弃"，便意味着灭顶之灾的来临。这种恐惧不安纠结着她们的一生，因此，便有了诸多怨妇的悲叹。然而，《诗经》里还有一些异样女子，充满了自信和自主意识，以巾帼不让须眉的风范，惊艳了历史。许穆夫人的《鄘风·载驰》就是一首动人心魄的爱国诗篇：

载驰载驱，归唁卫侯。

驱马悠悠，言至于漕。大夫跋涉，我心则忧。

既不我嘉，不能旋反。视而不臧，我思不远。

既不我嘉，不能旋济。视而不臧，我思不閟。

陟彼阿丘，言采其蝱。女子善怀，亦各有行。

许人尤之，众穉且狂。我行其野，芃芃其麦。

控于大邦，谁因谁极？大夫君子，无我有尤。

百尔所思，不如我所之。

"女子善怀，亦各有行"，许穆夫人虽有着女性的多愁善感，但亦有自己的做人准则——关心生养她的宗国。当卫国被狄人占领以后，许穆夫人挂念祖国的危亡，心急如焚地星夜兼程赶到曹邑，准备向齐国求救，而许国人却毫不理解她的救国方略，反而阻挠与责怪她的孟浪离国。这只能说明他们的愚昧和狂妄，因为她能够做到的，是一百个男子也无法完成的。许穆夫人的远见卓识、英风侠气，与祖国共命运的爱国精神，使她的痛苦涂上了一层悲壮的色彩。

后世的女性声音，仍然没有超越《诗经》歌咏的范畴。这些遭弃的女子，得不到男性的爱与呵护，只能在痛苦与无助之中忍辱吞声地生活着，受着精神上永远的煎熬。班婕妤的以一把皎如霜雪而不合时宜的合欢扇，写尽了女性难以自主的命运悲剧：

新裂齐纨素，皎洁如霜雪。

裁作合欢扇，团圆似明月。

出入君怀袖，动摇微风发。

常恐秋节至，凉意夺炎热。

弃捐箧笥中，恩情中道绝。

（《怨歌行》）

男尊女卑的社会中，连贵族女性也毫无尊严的保障。而那些敢于抗争既成习俗的女性，是沉默的严寒冬季中傲然绽放的梅花，在白茫茫的天地间渲染着独树一帜的亮烈色彩。与班婕妤不同的是，卓文君对男子的见异思迁决不容忍：

皑如山上雪，皎若云间月。

闻君有两意，故来相决绝。

今日斗酒会，明日沟水头。

躞蹀御沟上，沟水东西流。

凄凄复凄凄，嫁娶不须啼。

愿得一心人，白首不相离。

竹竿何嫋嫋，鱼尾何簁簁。

男儿重意气，何用钱刀为！

（《白头吟》）

这是古代女性少见的对男性贪图钱财的直接抨击，昂扬着卓文君的刚烈之气，和对爱情专一的坚决维护。她一鼓作气地写下了《诀别书》，不惜在爱情变质后，割断与司马相如的多年恩爱：

春华竞芳，五色凌素，琴尚在御，而新声代故！

锦水有鸳，汉宫有木，彼物而新，嗟世之人兮，瞀于淫而

不悟！

12

朱弦断，明镜缺，朝露晞，芳时歇。

白头吟，伤离别，努力加餐勿念妾，锦水汤汤，与君长诀！

已经年长色衰的卓文君，并不自卑自怜，而是理直气壮地抨击世上的男子喜新厌旧，迷惑于眼前的美色，而不顾念当年《凤求凰》的琴瑟和谐，不珍惜心心相印的患难情缘。卓文君是著名的才女，她大胆地追求自由的爱情，也决绝地维护纯粹的婚姻，真可谓是男权社会里的传奇女性！

相对于浩瀚的男性文学记载，《诗经》之后的女性声音，在历史上可谓寥若晨星。唐代李季兰的"人道海水深，不抵相思半；海水尚有涯，相思渺无畔"（《相思怨》），北宋李清照的"一种相思，两处闲愁。此情无计可消除，才下眉头，却上心头"（《一剪梅》），南宋朱淑真的"娇痴不怕人猜，和衣睡倒人怀。最是分携时候，归来懒傍妆台"（《清平乐·观湖》），都是意外的爱情回响。而李清照"生当作人杰，死亦为鬼雄"的巾帼情怀、"至今思项羽，不肯过江东"的爱国意识、"九万里风鹏正举，风休住，蓬舟吹取三山去"的阔达胸襟，更是极其稀少的女性表达。

在现代文学史上，萧红就是以离我们更为切近的"女性命运言说者"形象出场的。她继承断裂已久的《诗经》传统，在战乱的年代里，用血泪谱写了一曲属于女性的独特歌吟。萧红一生所经历的苦难，是耶稣式的受难，她负荷了女性的历史原罪、儿童的寂寞成长、战乱的颠沛流离，和柔弱的躯体所可能承受的各种病痛。她对于弱者和女性的书写，与来自民间的《诗经》同根同源，是从痛苦的生命体验中喷薄而出的真实声音。

萧红在恋爱关系中的勇敢投入，与《诗经·郑风》中的热情女子何等一脉相承。而她为萧军写下的《春曲》，又是多么大胆而真率的恋歌！她在两性关系中的隐忍与决绝心态，与《卫风·氓》中的女子，甚至与卓文君，何其同病相怜！她总是这样百折不挠，在几乎被世界遗弃的时

刻，迸发出强烈的求生欲望与灿烂的生命光芒，借助永恒的文字纪录，与远古的女性互相辉映。

女性的弱势，是《诗经》以来的一贯姿态，然而她们依然有着卓然于世的生命价值。萧红犹如西西弗斯，尽管人生是一场徒劳无功的搏斗，也日复一日坚定地推着巨石上山，去领略太阳般璀璨的理想光辉，感受负重攀登的喜悦。这样一个背离了约定俗成的父权与夫权的女性，即使在现实的铜墙铁壁上撞得头破血流，萧红也百折不挠、从不回头。

女性的悲剧，是《诗经》以来的千古悲歌。中国人喜欢大团圆的结局和标签，西方神话注重的则是个人意志的自由和实现。萧红守护着那一星微弱的理想火焰，拖着病弱的身躯，一直朝彼岸的乐土前进。在为自由而努力的过程中，她没有忘记过重建生命的意义，也没有懈怠过创造的本能。人生到头无非一场空，何必以成败论英雄呢？生命本是一次路途与时间都有限的旅行，重要的是远方有自己向往的风景。追求激情燃烧的过程，比最终展现的结局更有意义。

从《诗经》的吟唱到萧红的创作，一条跨越了几千年的女性心路，在美丽而残酷的中国土地上延展。萧红飞过了，又如流星般坠落了。"落红不是无情物，化作春泥更护花"，她的人生，留下了怎样的时代迷局；她的作品，又散发着怎样的灵魂魅力？一切都留给我们慢慢揣摩、细细品味。

（二）五四启蒙

——从《美国的妇人》看萧红觉醒

偶然一开窗子，

看到了檐头的圆月。

——萧红《沙粒》

　　这个世界，只有睿智而杰出的男子，才可能成就美好而优秀的女子。1898 年的戊戌变法，康有为、梁启超等维新知识分子，首倡禁缠足、开女禁、兴女学，成为中国女性解放思想的先声，免除了许多女性"裹小脚"的痛苦。当近代史在风起云涌的 1919 年定格，我们还会看见那些闪光的激进派民主知识分子的名字：胡适、陈独秀、鲁迅、周作人、李大钊、陈东原、王光祈……回望历史的星空，他们以启明星的执着，熠熠悬挂在遥远的天际。以这些男性精英知识分子为主导的五四运动，开启了近代妇女解放的序幕。

　　这是一个"大风起兮云飞扬"的时代。来自西方民主世界的滚滚惊雷，震醒了中国数千年来蛰伏的"人"。沐浴欧风美雨、肩负启蒙重任的知识分子，以人格独立、思想自由为暗夜中的明灯，开始了新的探索历程。在"民主"和"科学"的两面大旗下，他们以"科学"反对封建迷

信和愚昧保守，以"民主"反抗封建专制和伦理纲常，唤醒人的自觉意识。从儒家建造的以三纲五常为构架的殿堂中，他们力图将镶嵌于板壁间的一段段木材还原前身，感受一棵棵树木在自然天地中顺应天性成长的自在和舒展。

女性的解放，意味着对传统旧文化的批判和颠覆，是五四反封建运动的最主要标志。众多开眼看世界的文化精英，写下一篇篇打破封建枷锁的战斗檄文，用一份份报纸和杂志开启民智，用实际行动兴办女学，打开了幽闭女性几千年的闺门，成就了一个个现代史上的传奇女性。秋瑾、吕碧城、陈衡哲、陈学昭、石评梅、林徽因、张爱玲、苏青、庐隐、丁玲、萧红，这些现代女性先行者，无一不是在戊戌变法维新和五四启蒙思想的影响下，开创自己布满荆棘或芳草的新人生道路的。

胡适是五四新文化运动的领军人物，他曾经留学美国，细心考察过欧美国家女性迥异于本国的生存状态，并做了详细的数据调查研究。1918 年 9 月，在北京女子师范学校的大礼堂，胡适以《美国的妇人》作为演讲主题，介绍美国妇女普遍具有的"超于贤妻良母的人生观"，提倡女性追求个体独立的生命价值。他致力于普及民主世界的价值观：

> 美国妇女不认男外女内的区别。男女同有着社会上谋自由独立的生活的天职。

关于女性独立精神的培养，胡适认为"全靠教育"，即国家必须实行从小学至大学的"男女共同教育"制度。在《敬告中国的女子》一文中，他大声疾呼：

> 中国的女子，若不情愿做废物，第一样便不要缠脚，第二样便要读书。……

在《女子教育之最上目的》中，胡适又提到：

> ……今始知女子教育之最上目的，乃在造成一种能自由能独立之女子。

胡适以周游世界的广阔心胸，以悲悯大众的远见卓识，提出改变女性命运的见解和主张，播下了女性独立思想的种子。以陈独秀为主导的《新青年》，在五四前就成为舆论的前沿阵地，对旧伦理道德作出猛烈的抨击。在《一九一六年》中，陈独秀提出：

> 妻子不是丈夫的附庸品，号召女青年通过奋斗来脱离附庸品的位置，恢复独立自主的人格。

五四运动是一次跃进式的社会变革，关于妇女问题的讨论尤为激烈。新文化学者如陈独秀、胡适、周氏兄弟等，就女子的贞操、人格、教育权利等基本人权问题，为女性鸣不平、争权利。1918 年 5 月，《新青年》刊登了周作人所翻译的日本谢野晶子的文章《贞操论》，提倡女权，为生活在底层的妇女争取应有的权利。在以"三纲五常""三从四德""贞孝节烈"为女性规范的中国传统社会中，无异于一石激起千层浪。陈东原曾说过：

> 中国妇女能有独立人格的生活，其成就归功于《新青年》的介绍，五四运动提供了这项成就的钥匙。

胡适进一步认为，男女应该享有平等的人权，贞操问题是双方共同遵守的道德，不应单独要求女性遵守。在《贞操问题》一文中，他提出：

……贞操是男女相待的一种态度，乃是双方交互的道德，不是偏于女子一方面的。……男子做不贞操的行为，如嫖妓娶妾之类，社会上应该用对待不贞妇女的态度来对待他；妇女对于无贞操的丈夫，没有守贞操的责任……

几千年约定俗成的男性特权，竟然由男性亲自来推翻，并同样以贞操来要求男子，这一观点可谓惊世骇俗！它犹如高山上敲响的黄钟大吕，惊动了当时的思想界，也给追求进步、渴望自由的女性带来了福音。

1918 年 8 月，鲁迅也在《新青年》上发表了《我之节烈观》，针对北洋军阀政府所鼓吹的"只要女子节烈，世道人心便好，中国便可得救"的荒谬言论，进行了一针见血的尖锐抨击：

男子决不能将自己不守的事，向女子特别要求……只有自己不顾别人的民情，又是女应守节男子却可多妻的社会，造出如此畸形道德，而且日见精密苛酷，本也毫不足怪。但主张的是男子，上当的是女子。

五四新文学以平民主义的取向，关怀着社会的弱势群体——被侮辱、被损害者。中国男权对人对己的两套标准，被鲁迅揭露得一览无余，他深以男性的推卸责任为耻：

我以为在男权社会里，女人是决不会有这种力量的，兴亡的责任，都应该男的负。但向来男性的作者，大抵将败亡的大罪，推在女性身上，这真是一钱不值的没出息的男人。

鲁迅先生对女性解放的贡献，在于他匕首一样尖锐的杂文，也在于他投枪一般有力的小说。他在小说《祝福》《明天》和《离婚》中，塑造了祥林嫂、单四嫂子、爱姑等下层劳动妇女的形象。《祝福》里的祥林嫂，第一次逃到鲁镇做工，是为了逃避婆婆的虐待，第二次被婆家卖给贺老六，她也为自由拼命反抗过；《明天》里的单四嫂，谨遵"从一而终"的古训，忍受一切打击和不幸，把希望寄托于梦幻般的"明天"；爱姑为了不被丈夫休掉，多次上公堂吵闹后，还是被休回了娘家。

这些女性，深受封建宗法制度的压迫，背负着沉重的传统礼教规范，长期在逆来顺受中生活。由于她们社会地位低下，连抗争也无济于事，最终养成了愚昧麻木的奴隶性格，在痛苦中消磨尽自己的一生。鲁迅以悲天悯人的视角、人道主义的情怀，对她们表现出莫大的关切和同情，同时把批判的矛头对准了"神权、父权、夫权"。

在批判封建伦理纲常的声浪中，五四运动倡导者吹响了"个性解放"的号角。他们认为妇女不应消极被动地等待社会的拯救，等待男性的解救，而应自己解放自己，争取人格独立和精神自主。1918 年 6 月，《新青年》杂志刊行的《易卜生专号》上发表了胡适与罗家伦翻译的著名话剧《娜拉》，胡适通过娜拉这一全新的现代女性形象，全面阐释了"个性解放"的新思想，从而掀起了一场知识分子女性主动逃出封建家门的运动。

在陈独秀、蔡元培、李大钊等支持下，音乐学家和社会活动家王光祈于 1918 年底创建"工读互助团"，并组织了女子互助社，以期发展社会事业，共谋人类幸福：

> 凡是受不了家庭压迫的，均可到这个社来服务，一方面可以顾全生计问题，一方面可以在万恶社会中自为风气，既不受家庭压迫，亦不受社会欺诈。

作为女性解放思想的倡导者和实践者，王光祈此举产生的社会影响相当广泛。他主张男女平等，共同读书学习，致力于发展女子教育：

必先使妇女的生活能够独立，要是妇女生活独立；必使妇女拥有职业技能；非受过教育不可。

1919 年爆发的五四运动，进一步加速了女性解放的步伐。当时中国的现代大学创办仅有 20 余年，男尊女卑的思想依然根深蒂固，"女子无才便是德""男女授受不亲"，仍是社会与家庭的金科玉律，大学里根本没有女生立足的余地。然而五四运动后仅数月，蔡元培就在北京青年会作了《贫民院与贫儿教育关系》的讲演，主张仿效欧美国家，实施男女同校共读：

外国的小学与大学，没有不是男女同校的，美国的中学也是大多数男女同校。我们现在国民小学外，还没有这种组织……我们还能严守从前男女的界限，逆这世界大潮流么？

1920 年 2 月，蔡元培率先在北大开放女禁，允许王兰、奚浈、查晓园 3 位女生入北大文科旁听，当年秋季正式招收 8 名女生，开我国公立大学招收女生之先例。上海、南京、广州、天津等地竞相仿效，女生进入大学读书蔚然成风。

1920 年后的大学校园里，男女社交、恋爱自由，已俨然成为青年男女的风尚。此时流行的西方女性主义学者爱伦凯理论，将爱情视为两性结合合法性的唯一前提，认为即使没有法律手续的爱情也是道德的；反之，没有爱情的两性结合，即使具备完备的法律手续也是不道德的。这个观点不但颠覆了婚姻制度，也破除了爱情的道德规范。

"恋爱自由""离婚自由"，成为最普遍关注的公共话题，这种无视传统婚姻的"爱情教"思潮，也成为当时青年的婚恋风尚。比如鲁迅与许广平、庐隐与郭梦良、郁达夫与王映霞，都是以爱情的名义自主成为夫妻，而无视原有婚姻的存在。新文化运动，就是在这一复杂的背景下，塑造了五四新女性。孟悦、戴锦华在《浮出历史地表》中写道：

> 五四新女性是从神话中产生出来的一代，也是没有神话庇护的一代。

神话的光环是绚丽的，然而现实却是残酷的。当娜拉成为"五四"新女性的偶像，而"出走"成为女性愈来愈大胆的行动——争取上学、自由恋爱的权利后，生活的难题摆在了她们的眼前。崭新的价值观与人生态度，却加剧了她们与家庭和社会的疏离感。当她们成为叛逆与独立的个人时，"苦闷"也成了她们获得自由后难以排遣的情绪。庐隐在《海滨故人》里写道：

> 进了学校，人生观完全变了。不容于亲戚，不容于父母，一天一天觉得自己孤独……

在胡适名噪一时的话剧《终身大事》中，结局是田亚梅在男友的鼓励下，毅然离开父母、与男友结合。这种对家庭的反抗，无非再次验证了"娜拉"出走的合理性，然而，"娜拉走后怎样"，成为鲁迅最早反省的女性社会问题。

鲁迅唯一的恋爱题材小说《伤逝》，就以"启蒙者"身份的涓生为叙述者，为出走的新女性子君预设了甜蜜的恋爱、乏味的同居和残酷结局——没有经济独立，子君注定只能匍匐在传统的父权和新的夫权之下，最后仍然是被涓生视为累赘而遗弃，受尽冷落和白眼后郁郁而亡。

鲁迅先生准确地把握社会脉搏，用犀利的笔触，在以女性为题材的小说中，塑造了一系列悲剧的女性形象，真实地再现了社会转型期不同阶层女性的生存状态。鲁迅深刻地剖析了女性失去自我的病根，并将利刃指向造成女性痛苦的直接原因——男性高高在上的特权。他和她，没

有平等，只有差距，深不见底的距离，简直就不是活在同一个世界。

五四新文化的启蒙话语，以西方个人化的理性精神，否定了传统的伦理道德，推崇个人权利至上的原则，批判"吃人"的封建礼教，企图摆脱对等级制度的依附心理，重构自由、平等、博爱的普世价值观，实现"自主、进取"的独立人格。鲁迅的《我之节烈观》，提出了崭新的具有现代意识的道德原则："道德这事，必须普遍，人人应做，人人能行，又于自他两利"，表达了在男女平等基础上重建两性道德的迫切性。

在长期的封建思想禁锢下，"五四"时期的个性主义思想，解放了无数向往自由的女性。"娜拉"纷纷出走的现状，赋予了萧红强大的战斗能量。萧红生逢中国 20 世纪初期的思想激进变革时代，由于接受了女性解放思想的启蒙，在人生道路的选择上，走向了一条迥异于前人的道路。她在理想主义的感召下，逃出了养育她二十载的封建家庭，去寻求独立的人生和自由的爱情。

萧红不甘于沉默，因缘际会地发挥了自己的天赋，在苦难的煎熬中，提起手中饱蘸悲悯的笔，展现了弱者匍匐在强权脚下的艰难，也揭开了女性隐藏在家门后的面纱。这既是对女性旧式卑微命运的顽强反抗，也是在不屈不挠的创作中实现自己一往无前的艰难跋涉。她在缺乏尊严与爱的境况下，选择了一次次主动离开男子主宰着的"家"，也注定了在摸索中会遇到更多的坎坷。她在无依无靠的流浪中，又不得不回过头来寻求男性的庇护，品味着那些悲欣交集的爱情。

萧红的流离生涯，有动荡时局的影响，也有传统思想对个体生命的摧残。她的创作，选择了五四运动以来由鲁迅所开辟的现实主义的道路；她的作品，也积淀了心理学、社会学与地方民俗学等各个层面上的厚重价值：

首先，在心理学的意义上，萧红源自天然的诗意写作，呈现了她爱的匮乏，和始终如一的对温暖、光明的憧憬。她的叛逆道路，显现着儿童时期父爱缺位导致的迷茫与冲突；她的追求历程，交织着女孩的脆弱与母性的坚韧。萧红的情爱苦闷，有传统男权高高在上的弊端，具有女性主义研究的典型意义。

其次，在社会学的意义上，萧红作为一个既背负着传统因袭、又勇于冲破世俗苑囿的时代女性，拒绝了形式主义的抗战口号，自觉地接过了鲁迅"改造国民性"的大旗。在五四新文化运动倡导的思想变革背景下，她以大地般博大的悲悯情怀，展现生命所遭受的痛苦，呼唤人性的尊严、人间的温暖。

再次，在地方民俗学的意义上，萧红所展示的东北城乡图景，烙下了传统与时代的深刻印痕。她在创作上的独立与自由姿态，使她主动疏离时代主流的声音，而以女性作者的细致观察和越轨笔致，抒写了广大东北乡村中女性的悲剧生活和悲惨命运，赋予了作品复杂而深刻的思想内涵。

走近五四时期的大师，你会发现：对传统教条的大胆质疑，对弱势生命的悲悯关怀，对社会正义的勇于担当，正是男女两性和谐相处的思想基础。胡适的自由倡议，鲁迅的睿智追问，北大与《新青年》的锐意革新，成为萧红这样的进步女性成长的必要环境。

杰出的男性，是支撑社会的栋梁之才，也是栉风沐雨的参天大树。他们将弱势的女性当作真正的人看待，肯定女性的独立生存愿望和争取幸福的权利，力图实现两性更高层次的地位与人格平等，这是对人类多么广大而普遍的同情心！

最后，重温鲁迅在《我之节烈观》中的愿望吧：

我们追悼了过去的人，
还要发愿，
要自己和别人，
都纯洁、聪明、勇猛、向上，
要除去虚伪的脸谱；

要除去世人害己害人的昏迷和强暴；

我们追悼了过去的人，

还要发愿，

要除去对人生毫无意义的苦痛；

要除去制造并赏玩别人苦痛的昏迷和强暴，

我们还要发愿，

要人类都得到正当的幸福。

卷二
乡村生活篇

（三）大地悲歌

——从《祝福》之谜看萧红的故土

在乡村，

人和动物一起

忙著生，忙著死……

在乡村，

永久不晓得，

永久体验不到灵魂，

只有物质来充实她们。

——萧红《生死场》

鲁迅的小说《祝福》中，描写了一个被封建社会旧礼教吞噬的乡村女性——祥林嫂，"脸上瘦削不堪，黄中带黑，而且消尽了先前悲哀的神色，仿佛是木刻似的；只有那眼珠间或一轮，还可以表示她是一个活物"。在沦为乞丐后，她的记性尤其坏，然而遇到"我"的时候，极秘密地切切地问：

一个人死了之后，究竟有没有魂灵的？

祥林嫂提出的灵魂有无之谜，无非是寄希望于死后的世界，一家人可以再见面团圆，而她在生存的这个现世，体验到了幸福生活的意义了吗？她曾经有过幸福的家庭生活，没有公婆的欺压，男人也老实憨厚，孩子活泼可爱，这就是女性最大的幸福了。然而，天灾人祸打破了她短暂的美梦。失去了世俗意义上贤妻良母身份的祥林嫂，虽然活着，却成为无处皈依的孤魂野鬼，因为她在社会体制里找不到依附，又没有自己独立的位置。

人在习以为常的生活中，往往会失去思考的能力，连祥林嫂式的憧憬都没有，只是麻木地按照约定俗成的惯性往前走。而处于依附地位的女性，命运就更为悲凉，如同砧板上的鱼肉，任人宰割。柏杨在《丑陋的中国人》里，把这种传统的因袭力量比作酱缸，就如萧红在回望祖祖辈辈因袭传统的生活时，呼兰那个小城，就会清晰地出现在她的记忆中：

> 这小城并不怎样繁华，只有两条大街，一条从南到北，一条从东到西，而最有名的算是十字街了。十字街口集中了全城的精华。十字街上有金银首饰店、布庄、油盐店、茶庄、药店，也有拔牙的洋医生。

20世纪20年代的黑龙江呼兰小城，世上人家的生活也是井井有条的。除了十字街之外，还有两条从南到北的，大概五六里长的街，一条叫做东二道街，一条叫做西二道街，都有几座庙、几家烧饼铺、几家粮栈。东二道街上有时兴的一家火磨、两家学堂，令人闻到一点时代的新鲜气息。

小城也经常举行一些盛会——跳大神、唱秧歌、放河灯、野台子戏、娘娘庙会。人们的虔诚，都是为讨鬼神欢心：跳大神是为驱鬼的，唱大戏是祈祷龙王爷的，四月十八娘娘庙会是烧香磕头求子的，七月十五放河灯是让鬼顶着个灯去托生投胎的。这些不无蒙昧的祭拜鬼神习俗，在萧红笔下，却俨然生发出异样的光彩。譬如萧红笔下的野台子戏：

眼看台子就要搭好了，这时候，接亲戚的接亲戚，唤朋友的唤朋友。……看戏去的姑娘，个个都打扮得漂亮。……戏台下敲锣打鼓震天地响。那唱戏的人，也似乎怕远处的人听不见，也在拼命地喊，喊破了喉咙也压不住台的。那在台下的早已忘记了是在看戏，都在那里说短道长，男男女女的谈起家常来。

呼亲唤友的温暖人情、涂脂抹粉的靓丽风景、野台子上的紧锣密鼓、野台子下的喧闹争吵，无不展示了民间生活中热闹飞扬的一面。然而，东二道街上还有一个五六尺深的大泥坑，雨天的时候，大泥坑分外令人怵目惊心：

　　坑里白亮亮地涨得溜溜的满，涨到两边的人家的墙根上去了，把人家的墙根给淹没了。来往的过路人，一走到这里，就象人生的路上碰到了打击。

晴天的时候，泥坑就会滋生蚊蝇，而底部的泥浆比浆糊还黏，会黏住飞舞的小昆虫和轻灵的小燕子。到了夏天的旱季时节，泥坑上就会结一层看似干燥结实的硬壳，过路马车也会被迷惑，以至粘住陷进去了，附近的居民们帮忙抬车抬马，像过节那样地看热闹。于是，有说拆墙的，有说种树的，但从来没有任何一个人想过把泥坑填平。

至于泥坑子一年淹死几只猪，就是寻常事了，因为有了这个泥坑，就可以常吃淹死的便宜猪肉，大家感到万分心安理得。可是一年到头有那么多傻猪么，谁也不想去追究，那暗紫色的猪肉究竟是不是瘟猪肉。萧红笔下的故乡人物，更多是陷落在传统这个泥坑里的猎物，在暴虐的自然和恶劣的环境里求生：

　　一年四季，春暖花开、秋雨、冬雪，也不过是随着季节穿

起棉衣来，脱下单衣去地过着。生老病死也都是一声不响地默默地办理。

这里呼喊着沉没着的，都是最弱势的群体，无人施以援手，如同狂风卷起的枯草，一会儿就消失在茫茫的旷野里：

> 人们关于他们都似乎听得多、看得多，也就不以为奇了。偶尔在庙台上或是大门洞里不幸遇到了一个，刚想多少加一点恻隐之心在那人身上，但是一转念，人间这样的人多着哩！于是转过眼睛去，三步两步地就走过去了。

在萧红笔下，生命有着不堪一击的脆弱，人类永远无法摆脱死亡的悲剧：

> 生、老、病、死，都没有什么表示。生了就任其自然的长去；长大就长大，长不大也就算了。
> 老，老了也没有什么关系，眼花了，就不看；耳聋了，就不听；牙掉了，就整吞；走不动了，就拥着。这有什么办法，谁老谁活该。
> 病，人吃五谷杂粮，谁不生病呢？
> 死，这回可是悲哀的事情了，父亲死了儿子哭；儿子死了母亲哭；哥哥死了一家全哭；嫂子死了，她的娘家人来哭。
> 哭了一朝或是三日，就总得到城外去，挖一个坑把这人埋起来。
> 埋了之后，那活着的仍旧得回家照旧地过着日子。该吃饭，吃饭。该睡觉，睡觉。

然而死亡可怕吗？倒不见得。人们在社会的底层与伦理的枷锁中苟活，和祥林嫂一样，把希望寄托在来世，东二道街上的几家扎彩铺，就是为死人而预备的天堂生活：

> 人死了，魂灵就要到地狱里边去，地狱里边怕是他没有房子住、没有衣裳穿、没有马骑。活着的人就为他做了这么一套，用火烧了，据说是到阴间就样样都有了。

扎彩铺里的伙计，其实也不过是几个极粗糙极丑陋的人，生活得贫困不堪，"他们吃的是粗菜、粗饭，穿的是破烂的衣服，睡觉则睡在车马、人、头之中"，却能够制造出炫眼耀目的庭院，和里面所应有的栩栩如生的奴仆、车马、鸡鸭，而且"是凡好的一律都有，坏的不必有"。这个无所不有的大宅子，让穷人们看了，竟觉得活着还不如死了好。

生，容易；活，不容易。中国农村妇女的生活，完全是无意识、无目的的，仅仅盲目地遵循习俗而将生活一代代延续下去。经受过人文主义启蒙思想洗涤的萧红，回顾遥远的故土，对仍旧生活在古老精神世界里的乡民，特别是那些女性满目疮痍的生命状态，于无尽的悲悯中透露出沉重的批判。

《呼兰河传》里的小团圆媳妇，长得黝黑高大、活泼大方，"见人一点也不知道羞""两个眼睛骨碌碌地转""坐到那儿坐得笔直，定起路来，走得风快"，街坊邻居都议论她不像个团圆媳妇。她的婆婆就依照祖上的规矩，不分白天黑夜地打她，还把她吊在房梁下，用皮鞭子抽她，用烧红的烙铁烙她。团圆媳妇被虐待病倒后，婆婆听信谣言，请人跳大神，给她烧替身，逼她吃全毛鸡，还把她扒光了按在装沸水的缸里驱邪，活活把刚十二岁的活泼可爱的女孩折磨死了。

> 请神的人家为了治病，可不知那家的病人好了没有？却使

邻居街坊感慨兴叹，终夜而不能已的也常常有。

满天星光，满屋月亮，人生何如，为什么这么悲凉？

她们把自己的一生，捆绑在因袭的传统里，又用套住自己的绳索，紧紧地勒住那些不安分女子的手脚。这种毫无人性的残忍，是以极其理直气壮的态度进行的，除了自家的女儿和媳妇，还有别家那些不够规矩的媳妇和女儿。长着大眼睛、梳着长辫子的王大姐，仅仅因为不听从父母之命，选择嫁给了一个穷苦的磨倌冯歪嘴子，便转而在乡邻的眼中变成了"坏女人"，最终在冰冷的严冬和无情的奚落中死去。一切无形的杀戮，都是平静而安然地发生的。在这些司空见惯的"死亡"中，敏感的少女萧红，却体会到无穷的悲凉况味。

在成名作《生死场》里，萧红在内省的层面上呈现了农村的伦理关系悲剧。她以最冷峻的刻刀，雕塑着故乡那些女性在泥淖中悲怆的挣扎姿态。《生死场》里第一个出场的女性，是二里半的老婆麻面婆。萧红以写实主义的笔触，刻画了这个逆来顺受的女性形象。麻面婆从事着最操劳的农耕和家务劳动，话语不娇嗲，面貌也不娇媚：

让麻面婆说话，就象让猪说话一样，也许她的喉咙组织法和猪相同，她总是发着猪声。

汗水在麻面婆的脸上，如珠如豆，渐渐浸着每个麻痕而下流，麻面婆不是一只蝴蝶，她生不出翅膀来，只有印记的麻痕。

萧红那支柔弱而冷峻的笔，打破了女性的唯美神话，体现的是她们原生态的粗糙生存、怵目惊心的丑陋与悲惨。如果说农民是社会阶层的基石，那么农村女性就是伦理秩序中最为忍辱负重的黑土地。生活在野蛮的农村，她们也从来意识不到自己的存在，只是按照动物的方式，让生存变成生活的唯一需要。即使是二里半这样残疾的男子，对麻面婆而言，也是家庭的主人。她像男人一般干着体力活，却还是一见到自家男人就会胆战心惊：

> 麻面婆的性情不会抱怨。她一遇到不快时，或是丈夫骂了她，或是邻人与她拌嘴，就连小孩子扰烦她时，她都像一摊蜡消融下来。她的性情不好反抗，不好斗争，她的心永远贮藏着悲哀似的，她的心永远像一块衰弱的白棉。

为什么她们活得这样卑微呢？她们的声音，总是那么悲凉而无助；她们的人生，总是如此苍凉而寂寞。每一个曾经对爱情和生活充满幻想的少女，都会在严酷的现实冲刷下，磨去珍珠晶莹纯澈的光彩，变成浑浊苍白的鱼目。

金枝是个情窦初开的少女，她和成业的爱情，是青春萌动时的两情相悦，她一心想着心上人，不顾青红地胡乱摘着柿子，抛了筐儿去赴约。在懵懵懂懂的交往中，女孩被发育完全的男子的热情诱惑了。金枝的母亲试图阻止女儿，因为婚前性行为是男子的荣耀，却是女人的耻辱，伤风败俗的罪名，是由女性独自担当的。

成业是福发的侄子，福发的女人没有自己的名字，也没有自己的喜怒哀乐，一切听从丈夫的旨意，连讨好丈夫的妩媚一笑，都怕笑的时间长会挨骂，"我怕男人，男人和石块一般硬，叫我不敢触一触他"。婶婶在察觉成业的恋情后，悲伤地对他说：

> 等你娶过来，她会变样，她不和原来一样，她的脸是青白色；你也再不把她放在心上，你会打骂她呀！男人们心上放著女人，也就是你这样的年纪吧！
>
> 你总是唱什么落著毛毛雨，披蓑衣去打鱼……我再也不愿听这曲子，年青人什么也不可靠，你叔叔也唱这曲子哩！这时

他再也不想从前了！那和死过的树一样不能再活。

金枝怀孕后，不顾害羞，请求母亲把自己嫁给成业。然而，当她梦寐以求地和心上人在一起时，等待她的是怎样的生活呢？只有相恋的那些日子是柔情蜜意的，一旦女人成为男人的俘虏，就永远套上了奴隶的枷锁，等待她的只是无尽的屈辱和折磨。

果然，金枝做了成业的妻子后，繁重的生活负担，田间地头、一日三餐，让他们无暇顾及情爱。很快她就成为家庭劳作和生育的工具，更成为男人精神上的奴隶。婚后四月，金枝就和别的女人一样，在男人的严苛打骂中，开始诅咒这个相恋过的男人，感受着爱情的渺茫和人心的凉薄。

和农村里的母猪、母狗一样，女人们在婚后也无一例外地经历着生产的苦痛。娇小的金枝也经受了生育的苦难：

> 受罪的女人，身边若有洞，她将跳进去！身边若有毒药，
> 她将吞下去。她仇视着一切，窗台要被她踢翻。她愿意把自己
> 的腿弄断，宛如进了蒸笼，全身将被热力所撕碎一般呀！

可金枝在刑罚下生出的这个小女儿，才刚刚满月，就因为成业把养活妻儿当作重负，而在争吵中被他暴虐地活活摔死，随便用稻草捆捆，就扔在了乱葬岗上。等金枝哭了几天后去寻找，已经被野狗撕扯得尸骨无存。

女性以顺从为美德的传统，在集体无意识中塑造着奴隶的奴隶。她们的生命力是那么顽强，然而在失去工具的价值后，连生存都显得那么悲惨。在《生死场》中，最凄凉的一个女子，是打鱼村最美丽的女人——月英。她容貌美丽，"生就的一对多情的眼睛，每个人接触她的眼光，好比落到绵绒中那样愉快和温暖"；她性情温柔，"她是如此温和，从不听她高声笑过，或是高声吵嚷"。

当月英患上瘫病后，贫穷的丈夫不是带她去医生那儿治病，而是愚昧地请神、烧香，跑到土地庙前跪拜索香灰作药。后来他奔波得累了，就打骂这个曾经美貌贤淑的妻子：

> 娶了你这样老婆，真算不走运气！好像娶个小祖宗来家，供奉著你吧！

历史上多少女性因倾城倾国的美貌而留名青史，而乡村女性的容貌，却没有人怜香惜玉。见妻子丝毫没有好起来的希望，绝情的丈夫就残忍地抛弃了她。

> 晚间他从城里卖完青菜回来，烧饭自己吃，吃完便睡下，一夜睡到天明，坐在一边那个受罪的女人一夜呼唤到天明。宛如一个人和一个鬼安放在一起，彼此不相关联。

被痛苦的疾病摧残，被冷漠的丈夫遗弃，人生的残酷是如此醒目！瘫痪在床的月英，连一口水都喝不到，牙齿也变成绿色，下身浸泡在排泄物中腐烂生蛆，面貌如同女鬼。她对前来看望她的王婆和女伴们说：

> 你们看看，这是那死鬼给我弄来的砖，他说我快死了！用不著被子了！用砖依住我，我全身一点肉都瘦空。那个没有天良的，他想法折磨我呀！

萧红笔下那些挣扎着的乡村女性，是"力透纸背"的，鲜明地演绎了她们从生到死的悲剧。女性的温顺与坚忍，默许了男权的冷酷与无情，在男权为中心的社会里，女人生存的意义，除了生育工具就是劳作奴隶，而不是被爱被尊重的对象。

　　千千万万的普通女性，没有反抗只有顺从，这种历史悠远的心理积淀，渐渐内化为女性深藏的集体潜意识，同样反过来维护了男性的霸权。而作为一个接受了五四新思想熏陶的女性，又耳闻目睹了这些怵目惊心的怪现状，萧红坚定了逃离这块残忍的黑土地的信念，下定了自我剥离于这一残酷的社会伦理秩序的决心。

（四）人间乐园

——从《爱的艺术》看萧红的童年

我爱钟楼上的铜铃，

我也爱屋檐上的麻雀，

因为从孩童时代，

它们就是我的小歌手啊！

——萧红《沙粒》

美国精神分析心理学家弗洛姆在《爱的艺术》中认为，无条件的母爱，象征着孩子的"自然世界"；有条件的父爱，则构建着孩子的"思想世界"。无条件的母爱，代表着无拘无束的自然世界，是栖息心灵的精神故乡；有条件的父爱，则代表着严肃规范的思想世界，以秩序、法律的形式，指引孩子的发展方向。弗洛姆也在《父母与子女之间的爱》中表述道：

母亲的作用是给予孩子一种生活上的安全感，而父亲的任务是指导孩子正视他将来会遇到的种种困难。

萧红的身世，并不像她笔下的农村底层人物那样凄凉。她本姓张，学名秀环（乳名荣华），1911 年出生于黑龙江省呼兰县城的一个富裕地主家庭。因名字与二姨姜玉环相近，外祖父后来给她改为乃莹。

萧红的父亲张廷举，是祖父张维祯的继子，曾经接受过良好的教育，毕业于齐齐哈尔黑龙江省立优级师范学堂，担任过小学校长、教育局长、黑龙江省教育厅秘书等职务，是呼兰颇有声望的乡绅。对于萧红而言，她心中的"父亲"形象，是如同"严凉的石块"般的封建家长，对年幼丧母的萧红姐弟缺乏父爱的温情：

> 偶然打碎了一只杯子，他就要骂到使人发抖的程度。后来就连父亲的眼睛也转了弯，每从他的身边经过，我就像自己的身上生了针刺一样；他斜视看你，他那高傲的眼光从鼻梁经过嘴角而后往下流着。

冷酷的父亲，对于金钱比对子女看得更重，也常常为了房租而无情地鞭打那些贫苦的农民。萧红上完小学后，为了争取去哈尔滨上中学的机会，曾经绝食卧病抗争，父亲也无动于衷。后来，萧红声称不上学就出家，父亲怕有辱门庭，才不得已答应了女儿的要求。萧红在《呼兰河传》中伤心地回忆：

> 过去的十年我是和父亲打斗着生活。在这期间我觉得人是残酷的东西。父亲对我是没有好面孔的，对于仆人也是没有好面孔的，他对于祖父也是没有好面孔的。因为仆人是穷人，祖父是老人，我是个小孩子，所以我们这些完全没有保障的人就落到他的手里。

在萧红短促的一生中，祖父是她情感世界里最为重要的男人，也是最温暖厚重的底色。年迈的祖父，是个温和善良的老人，萧红出生时就已经六十多岁了。童心未泯的祖父，离世俗的规范很远，离活泼的童心很近，自然受到孩子们的喜爱：

> 祖父的眼睛是笑盈盈的，常常笑得和孩子似的。
>
> 祖父是个长得很高的人，身体很健康，手里喜欢拿着个手杖。嘴上则不住地抽着旱烟管，遇到了小孩子，每每喜欢开个玩笑。

祖父喜欢和孩子们开毫无机心的玩笑，喊一声"你看天空飞个家雀"，然后趁机把孩子们的帽子取下来，藏到长衫下或袖口里。孩子们无一例外地轻易就找到藏帽子的地方，而他们的游戏，却总是回回玩得开心。

和祖父在一起，萧红有着恣肆任性的快乐。有一回，年幼的萧红趁着祖父休息，把后花园的玫瑰花折了几十朵下来，插在祖父的草帽上，祖父还以为是这春天的雨水足，玫瑰花才香出二里地。等他进得屋来，刘姥姥一般的满头红艳艳花儿，惹得祖母也开怀大笑起来，而这个调皮的小女孩儿，则笑得滚倒在炕上。

这样毫无城府的相处方式，培养了萧红简单纯澈的心态，让她终身保留着天真无邪的个性。在冷漠的亲子关系之外，慈爱的祖父用他宽厚的胸怀，为童年的的萧红构筑了一个诗意的避风港：

> 父亲打了我的时候，我就在祖父的房里，一直面向着窗子，从黄昏到深夜——窗外的白雪，好像白棉一样的飘着；而暖炉上水壶的盖子，则好像伴奏似的振动着。

在下着大雪的黄昏，萧红围着暖炉听祖父读诗，看着他读着诗篇时微红的嘴唇。这样温暖静好的时光，成为萧红一生不能忘怀的记忆。

从祖父那里，知道了人生除掉了冰冷和憎恶而外，还有温暖和爱，所以我就向这"温暖"和"爱"的方面，怀着永久的憧憬和追求。

（《永久的憧憬和追求》）

在萧红那魂牵梦萦的呼兰故乡，祖父是唯一欣赏和包容她的长者。即使她在人生最艰难的时候，心里也闪烁着童年那爱的微光，从未放弃对光明的永恒憧憬，正是祖父根植在萧红生命底层的温暖和希望，成为支持着她不断往前走的力量。

在《呼兰河传》中，后花园是童年的萧红自然成长和嬉戏的乐园。在这个自由的天地里，万物都那样快乐而自在地成长着。萧红天生就是自然的女儿，在这个只属于她与祖父的世界中，有着天使般的纯真和快乐。后花园，就是她童年的伊甸园，洒满了爱和自由的光明，是她毕生眷恋和执着追求的理想净土。那些洋溢着无限热情的描述，令人对她生命的"后花园"心驰神往：

太阳在园子里是特大的，天空是特别高的，太阳的光芒四射，亮得使人睁不开眼睛，亮得蚯蚓不敢钻出地面来，蝙蝠不敢从什么黑暗的地方飞出来。是凡在太阳下的，都是健康的、漂亮的，拍一拍连大树都会发响的，叫一叫就是站在对面的土墙都会回答似的。

花开了，就像花睡醒了似的。鸟飞了，就像鸟上天了似的。虫子叫了，就像虫子在说话似的。一切都活了。都有无限的本领，要做什么，就做什么。要怎么样，就怎么样。都是自由的。倭瓜愿意爬上架就爬上架，愿意爬上房就爬上房。

（《呼兰河传》）

童年的经验是潜意识的影响，孩子往往在与他人的关系中寻找属于自己的人生，那么，萧红穷尽一生所要寻找的，就是这样一个自由、光明的后花园，还有和祖父一样宽厚良善的男性世界。

然而祖父的爱，代表的并不是传统意义上的"父权"。在萧红的家中，掌管家政的是祖母，而祖父是个一天到晚闲着的人，常常为祖母擦地棒上的一套锡器，祖母还常常骂他懒，骂他擦得不干净。这时候萧红就冒着挨祖母骂的风险，把祖父拉到后园去：

> 一到了后园里，立刻就另是一个世界了。决不是那房子里的狭窄的世界，而是宽广的，人和天地在一起，天地是多么大，多么远，用手摸不到天空。

祖父这个封建秩序中的边缘人，令萧红完成了对生命意义的重新定义。她从此厌恶那个"房子里的狭窄的世界"，因为在祖父与父亲鲜明的对比中，她感受到了冷漠森严的伦理秩序对于亲情的戕害，也感受到了与祖父建立于自然中的亲情，是多么美好的体验。

萧红对于父亲与继母的夫妻伦理关系的反省，使她惧怕传统的婚姻陷阱：

> 后来我看到新娶来的母亲也落到他的手里，他喜欢她的时候，便同他说笑，他恼怒时便骂她，母亲渐渐也怕起父亲来。

聪明而敏感的萧红，观察和思考着自己周围的一切：

> 母亲也不是穷人，也不是老人，也不是孩子，怎么也怕起父亲来呢？我到邻家去看看，邻家的女人也是怕男人，我到舅家去，舅母也是怕舅父。

41

萧红对于严冷父亲的憎恨，使她在祖父死后，对家庭已经完全失去了眷恋。在她生命的初期体验中，男性世界是由截然不同的两个类型构成的：祖父的爱，是一个自然的世界，犹如蓝悠悠的天空下，她可以如野花野草一样自由生长；父亲的严，是一所森冷的房子，阴暗狭窄，处处是令人窒息的伦理规范。而从心理学意义上观照，毋宁说，祖父取代的是"母亲"的位置，给了萧红大自然的怀抱，是大地般包容、天空般广阔的无条件的母爱。

萧红的童年印象里，男性的角色是复杂多元的，可笑而可怜的有二伯、可悯而可敬的冯歪嘴子，他们留给萧红的记忆也是深刻的。这些肯与萧红这个调皮孩子玩耍的人，都与祖父一样，有着温厚而懦弱的气息。

有二伯是跟随祖父三十余年的老仆人，那时已经六十多岁了，常常头戴一个没有边沿的草帽，"他的脸焦黑，他的头顶雪白"。他穿的那些衣服，都是"我家压在祖父箱底的前清旧货"。有二伯的鞋子，不是前边掉了底，就是后边缺了跟，而且喜欢卷着裤脚，"耍猴不像耍猴的，讨饭不像讨饭的"。正如老厨子说的，"和尚看了像和尚，道人看了像道人"。性情温和的有二伯，不在乎与孩子的嬉闹。而七八岁的萧红却顽皮无比：

> 我和许多孩子们一道去抽开了他的腰带，或是用杆子从后面掀掉了他的没有边沿的草帽。我们嘲笑他和嘲笑院心的大白狗一样。

她和街上的小孩子在他背后一边扔石子，一边嘴里喊着"有二子""大有子""小有子"，"把他气得像老母鸡似的，把眼睛都气红了"。有二伯此时是一定要追打的，直到他们改口叫"有二爷，有二东家，有二掌柜的"才作罢。

有二伯从不说出自己的籍贯姓名，也从不回忆前三十年的情状，不吃羊肉，也不结婚成家。他最忌讳别人叫他的乳名，家里的老厨子要是这么叫他，他不单是生气，而且要骂的，或者要打的。萧红的父母亲，也要尊称他一声"二哥"。只有祖父喊他"有子""有二"的时候，他是恭恭敬敬的：

> 向皇上说话，还称自己是奴才呢！宰相大不大，可是他见
> 了皇上也得跪下，在万人之上，在一人之下。

有二伯对祖父深怀感恩之心，毕竟在性命难保的战乱年代里，是宽厚仁爱的主人收留了他。然而在这个家里，不过是有饭吃、有地儿睡，几十年寄人篱下的生活，养成了他许多古怪之处：

> 有东西，你若不给他吃，他就骂。若给他送上去，他就
> 说："你二伯不吃这个，你们拿去吃吧！"

有二伯虽是一位干苦力的长工，但他仍然希望保持一点人格尊严。然而他被萧红的父亲打了的时候，也并不反抗：

> 他站起来就被父亲打倒下去，他再站起来，又被父亲打倒
> 下去，最后他起不来了。

就在当天夜里，有二伯要上吊，"等我们那灯笼一照，才看见他在房墙的根边，好好的坐着"。后来，他又叫嚷着要跳井，等到大家跑到井边一看，"有二伯并没有在井边，而是坐在井外边，而是离开井口五十步之外的安安稳稳的柴堆上"。后来，有二伯的"上吊""跳井"，都成了笑话，被街上的孩子编成了歌：

有二伯跳井，没那么会事。

有二伯上吊，白吓唬人。

有二伯反复自杀的行为，虽然有一点作秀的可笑因素，但也是消极地抗议主人的残暴和冷漠。因为贫穷，有二伯也偷东西，这便与童年的萧红成了难友。在密室里碰见时，"他的肚子前压着铜酒壶，我的肚子前抱着一罐黑枣"，因为彼此害怕被揭穿，所以成为共同的秘密。

年老而有偷窃毛病的有二伯，自然被主人嫌弃，只要家里丢了东西，就说有二伯偷去了。萧红上小学后，有一天他就突然失踪了。离家出走的有二伯已是残年衰病，可在这冷漠的世上，他没有了劳动价值，是死是活，谁还会关注呢？

与后花园相邻的磨房里，还住着一个不起眼的小人物——冯歪嘴子。他是一位勤劳的人，总是一夜一夜地打着梆子；他是有趣的人，当厨子和他讲话溜掉时，他浑然不觉，仍在对着空无一人的院子发表长篇大论；他是宽容的人，生活的压力、掌柜的谩骂以及众人的诽谤，他都承受了下来；他是勇敢的人，与心上人王大姐终成眷属，并始终温柔地呵护着她和孩子；他更是坚强的人，后来他深爱的媳妇死去，也没有使他绝望上吊，他为了两个儿子坚强地活下去，每天推着粘糕叫卖，照顾着他的儿子，在外人的谩骂和漠视中过着自己愁苦但平静的生活。他从来不会因为残酷现实而绝望，思想永远停留在幸福的瞬间。

他觉得在这世界上，他一定要生根的。要长得牢牢的。他不管他自己有这份能力没有，他看看别人也都是这样做的，他觉得他也应该这样做。

于是他照常地活在世界上，他照常地负着他那份责任。

于是他自己动手喂他那刚出生的孩子，他用筷子喂他，他不吃，他用调匙喂他。

喂着小的，带着大的，他该担水，担水，该拉磨，拉磨。

他在这世界上他不知道人们都用绝望的眼光来看他，他不知道他已经处在了怎样的一种艰难的境地。他不知道他自己已经完了。他没有想过。

他虽然也有悲哀，他虽然也常常满满含着眼泪，但是他一看见他的大儿子会拉着小驴饮水了，他就立刻把那含着眼泪的眼睛笑了起来。

（《呼兰河传》）

萧红《呼兰河传》中的男性形象，极富文化批判意味。他们不是英雄也不是无赖，她既用刀锋解剖出他们的愚昧和麻木，又敬畏地审视着他们的坚毅与挣扎。冯歪嘴子完全遵循自己的意愿生活，他勇敢地对自己和家人负起责任，孤独而坚强地承受着艰难的生活。他的身上，融合了人性的一切卑微与伟大。

如果说，是对祖父的诗篇和后花园的眷恋，造就了萧红的才情和创造力；那么，也是对父亲的严酷与冷漠的恨意，造就了萧红的抗争和悲剧性。祖父般温良的人，总是与懦弱无能相伴；父亲般强悍的人，却总是与残暴严苛同行。灵魂的萎靡与人性的凉薄，是萧红赋予她笔下男性的最基本的负面性格特征。这两个在萧红生命初期打下烙印的男性，带给她的是冰火两重天的体验。

1930年，八十多岁高龄的祖父病逝。自幼缺乏父母关爱的萧红，从此失去了最温暖的庇护所。在九岁那年失去母亲的时候，萧红还是一个无忧无虑的孩子，忙着在后花园捉蝴蝶，然而现在她饮醉了卧倒在玫瑰树下哭泣：

我若死掉祖父，就死掉我一生最重要的一个人，好像他死了就把人间一切"爱"和"温暖"带得空空虚虚。

　　我懂得的尽是些偏僻的人生，我想世间死了祖父，就没有再同情我的人了，世间死了祖父，剩下的尽是些凶残的人了。

　　以后我必须不要家，到广大的人群中去，但我在玫瑰树下颤怵了，人群中没有我的祖父。所以我哭着，整个祖父死的时候我哭着。

（《祖父死了的时候》）

　　这一年的春天，二十岁的萧红，站在她人生最彷徨的三岔路口。她终于选择了逃离家庭，开始了她一程又一程的寻觅。在萧红的一生中，对男性的爱与恨、尊敬与怜悯，不断被放大，也不断被超越。祖父留在她生命里的，是永久的憧憬和追求。爱，是不会忘记的，而那个理想的男性世界，又在哪里呢？

卷三

娜拉走后篇

（五）沧海横流
——从鲁迅《伤逝》看萧红的出逃

可厌的人群，

固然接近不得，

但可爱的人们

又正在这可厌的人群之中；

若永远躲避着脏污，

则又永远得不到纯洁。

——萧红《沙粒》

　　当相亲节目《非诚勿扰》上的"宁愿坐在宝马车里哭，也不愿意坐在自行车后笑"成为名言之后，回顾五四时期的女性，尤其令人感慨。物欲已成为当代人择偶的最高标准，谁还能够理解，百年前的那些知识女性们，纷纷逃离家庭的行为中隐含的心理动机？然而正如萧红所说，"口渴时的那个真理，就是最高的真理"，在现代教育中受反封建思潮洗礼的五四女性为了自由和爱情，曾经用生命去抗争过，逃离那个黄金的笼子！

　　罗素在《我为何而生》里写道：

对爱情的渴望，对知识的追求，对人类苦难不可遏制的同情，是支配我一生的单纯而强烈的三种感情。

《伤逝》是鲁迅唯一的以恋爱为题材的小说，他用鲜明的形象，阐发了他对于"娜拉出走之后"困境的思考。女主人公子君，出身于封建大家庭，因为接受了新时代的教育，深受个性解放思想熏陶。男主人公涓生作为她的精神导师，"谈家庭专制，谈打破旧习惯，谈男女平等，谈伊孛生，谈泰戈尔，谈雪莱"，激情澎湃，斗志昂扬，使天真的子君对他无比崇拜：

我是我自己，他们谁也没有干涉我的权力。

在涓生的支持和鼓励下，子君也成为一个大无畏的五四新女性，以致她敢于在鼻尖紧贴在脏的窗玻璃上的"鲇鱼须"的窥视下，在明晃晃的玻璃窗里的"雪花膏"的嫉妒下，一次次走进涓生居住的会馆。她不顾世俗的非议，无视家庭的阻挠，义无反顾地奔向她所向往的理想生活和自由婚姻。

女性解放的时代理念，加上爱情伊甸园的诱惑，足以对抗顽固的封建伦理道德。然而，凭着小知识分子那天真而不切实际的浪漫幻想，要在伦理秩序依然顽固的封建型社会中，寻觅个人的幸福，势必会被严酷的现实击败。在涓生失业后，为了摆脱生活的重负，他像甩开沉重的包袱一样，甩掉了成天忙于养鸡养狗、洗衣做饭的家庭妇女——子君。鲁迅通过这个爱情悲剧，警醒那些受新思潮影响的女性：

第一，便是生活。人必须活着，爱才有所附丽。

萧红和子君一样，出走是为了追求理想和爱情，然而她在男人间的动荡流离，都印证了鲁迅的先见之明。

萧红 10 岁的时候，进了呼兰县立第二小学，这个学校又称龙王庙小学，是男女生分开教学的。她在这里读了四年，因父亲张廷举被提升为该校校长，为了避嫌，于是转到县立第一小学的女生部上高小。在回忆性散文《小城三月》中，思念故乡的萧红，温情脉脉地描绘了她曾经生活过的大家庭图景：

> 我家算是最开通的了。叔叔和哥哥他们都到北京和哈尔滨那些大地方去读书了，他们开了不少的眼界。回到家里来，大讲他们那里都男孩子和女孩子同学。

萧红的堂兄妹们都是读书的人，她对知识的海洋也充满了游弋的乐趣，因而也有了小小的一些优越感。十几岁的翠姨，是萧红继母梁亚兰的妹妹，因为外祖母也是继母的缘故，与梁亚兰并无血缘关系。由于经常到姐姐家住，翠姨与萧红的一个堂兄产生了朦胧的情愫。没有读过书的翠姨，充满了对知书达理者的渴望和崇拜：

> 大概她心里边也有些不平，她就问我不读书是不是很坏的，我自然说是很坏的。而且她看了我们家里男孩子、女孩子通通到学堂去念书的。而且我们亲戚家的孩子也都是读书的。
>
> （《小城三月》）

在学习的天赋上，萧红明显超过了家族中的兄弟们，因而得到伯父的另眼相看：

> 我渐渐长大起来，伯父仍是爱我的，讲故事给我听，买小人书给我看。等我入高级，他开始给我讲古文了，有时候族中

51

的哥哥弟弟们都唤来，他讲给我们听，可是书讲完他们临去的时候，伯父总是说："别看你们是男孩子，樱花比你们全强，真聪明！"伯父当着什么人都夸奖我："好记忆力，心机灵快。"

（《镀金的学说》）

然而女孩子聪明又怎样呢，她的归宿不过是婚姻，14岁的时候，父亲将她许配给了一个门当户对的男子。然而，萧红对知识的不懈追求、对外面广阔世界的强烈渴望，使她背叛了父亲给她铺就的安稳平静的婚姻家庭道路。

17岁那年，父亲不让萧红升入中学，她卧病在家几个月，最终以出家当修女相抗争，才进入哈尔滨"东省特别区立女子第一中学校"（简称"东特一女中"）初中一年级。在学校里，萧红凭着年轻人的一腔热血，积极参加各种抗战救国的社会活动：

组织宣传队的时候，我站过去，我说我愿意宣传。别人都是被推举的，而我是自告奋勇的。

（《一条铁路的完成》）

1928年为着吉敦路的叫喊，我也叫喊过了。接着就是1929年。于是根据着那第一次的经验，我感觉到又是光荣的任务降落到我的头上来。

对于我们那小队的其余三个人，于是我就带着绝顶的侮蔑的眼光回头看着他们。他们是离得那么远，他们向我走来的时候，并不跑，而还是慢慢地走，他们对于国家这样缺乏热情，使我实在没有理由把他们看成我的"同志"。他们称赞着我，说我热情，说我勇敢，说我最爱国。

（《一九二九底愚昧》）

她的社会使命感如此强烈，以致连与她同行的男生们都自愧不如。萧红在活动中感受着中国人的麻木冷漠，也在黄包车夫掏出微薄零钱捐赠的行为中，感受着底层贫苦民众那种发自内心的爱国热忱，和质朴无私的同胞情怀。在社会活动的交往中，聪明而英勇的萧红，引起了男生的关注：

> 正在那时候，就是佩花大会上，我们同组那个大个的，鼻子有点发歪的男同学还给我来一封信，说我勇敢，说我可钦佩，这样的女子他从前没有见过，而后是要和我交朋友。
>
> 那时候我想不出什么理由来，现在想：他和我原来是一样混蛋。

（《一九二九底愚昧》）

然而萧红在阅读和思考中反思着人性，也怀疑一九二九年反对苏联学生运动的意义，最终把自己归结为"愚昧"。她早早地看透了煽动性思想对青年学生的欺骗，甚而终身做了政治的冷眼旁观者。

哈尔滨，是萧红追梦的起点，也见证了她梦幻成泡影的种种苦难历程。在此期间，她的感情发生了重大变化。由于发现未婚夫吸食鸦片，思想激进的萧红对这种堕落的行径不能容忍，而在参加学生爱国运动中，她更崇拜的是意气风发、挥斥方遒的大学生，于是，她和就读于哈尔滨法政大学的姨表兄陆振舜产生了感情。

萧红向父亲提出解除与汪恩甲的婚约，却遭到父亲的严辞拒绝。萧红陷入了父母之命与自由爱情的痛苦抉择。在当年同学好友的记忆中，萧红变得喜怒无常：

> 她却突然变得心事重重，默默无言，不愿跟我们一起读诗了。她常常在夜里暗暗哭泣，星期天偷偷地喝酒。

据萧红的同学沈玉贤说，她们当时已经在读易卜生的《玩偶之家》和鲁迅《伤逝》一类作品了，她们也都怂恿她出走。于是，和子君一样，初级中学毕业的萧红，就在同学的鼓励和表哥陆振舜的支持下，逃婚去了北平，做了"出走的娜拉"。

年轻人的想法是简单的，然而没有经济来源的穷学生，怎么可能脱离家庭的控制呢？1930年4月份，陆振舜去北平入中国大学读书，并帮助萧红进入女师大附中高一读书。他和萧红准备依靠陆家供给的生活费，在北平继续读书。然而走失了女儿和媳妇的张王两亲家，很快追查到了萧红的下落。陆家得知真相，迫于亲戚压力，也拒绝供给生活费用。寒意渐袭的初冬，萧红连件棉衣也没有，他们在北平过着饥寒交迫的生活。自由的樱桃是诱人的，但如果没有了底下果腹的蛋糕，就渺小得不值一提。陷入困境的陆振舜，最终决定向家庭妥协，带萧红返回哈尔滨。

从师范学校毕业的汪恩甲，当时任小学教员。萧红为他织过毛衣，公公去世时，萧红还在继母陪同下去吊过孝。旧情不断的未婚夫汪恩甲，曾经追到北平，后来与萧红一起返回哈尔滨。汪恩甲的哥哥汪大澄不能容忍萧红一再离家出走，代替弟弟解除了婚约。天真直率的萧红，径自到法院起诉，状告汪大澄代弟休妻。汪恩甲顾忌哥哥的声誉，违心承认是他自己解除婚约的，萧红输掉了官司。

已经迈出去的脚步，就难以收回了。半年前与表哥陆振舜离家出走，如今又与未婚夫打官司，萧红因此在家乡被视为"怪物"，成为人们茶余饭后的笑料。她的弟弟妹妹不堪舆论压力，转往外地求学。张廷举因教女无方而被教育部贬职，转而担任巴彦县教育督学。回到呼兰，由于逃婚而离家的萧红，一下子成为家族的耻辱，犹如过街老鼠般人人喊打。

父亲痛责这个叛逆的女儿，他担心继母管不住萧红，便把全家搬到阿城县福昌号屯的乡下老家软禁起来，由继祖母监管。在《夏夜》中，萧红这样追求知识的女孩，成为家族教育女孩子的反面教材：

　　她（继祖母）吐口涎在地面上，"小萍那丫头入了什么党啦，你也跟她学，没有老幼！没有一点姑娘样！尽和男学生在一块。你知道她爸爸为什么不让她上学，怕是再上学更要学坏，更没法管教啦！"我常常是这样，我依靠墙根哭，这样使她更会动气，她的眼睛像要从眼眶跑出来马上落到地面似的，把头转向我，银簪子闪着光："你真给咱家出了名了，怕是祖先上也找不出这丫头。"

　　这是张氏大家族聚居的地方，曾经赞赏萧红聪慧好学的伯父，这时候也对她深恶痛绝。为了躲避伯父的打骂，萧红不得不常常躲避到七婶的房里去。虽然处境堪忧，但由于人口众多，来往的又大多是菱姑这样不识字的乡民，萧红对底层佃户的贫苦生活却又了更广泛的接触、更深刻的了解。

　　她在福昌号屯住了七个月左右，因劝伯父不要再增加地租，增加佃户负担，又遭到伯父一顿打。伯父把她痛打一顿后锁在一间空房子里，派人拍电报催促张廷举回家将萧红勒死埋掉，以免危害家族。后来，在姑母和小婶的帮助下，萧红趁着夜深人静撬开窗户，乘往阿城送秋白菜的大车离开福昌号屯，然后从阿城改乘火车逃到哈尔滨。

　　犹如茫茫大海上的孤舟，萧红从此开始了她漫长的异乡漂流历程。带着对自己所属阶层原罪的忏悔，萧红在背叛地主家庭的行动和思想道路上都走得更远了。她后来所写的第一篇小说《王阿嫂的死》，就控诉了地主迫害农民的罪恶。因为"毁谤长辈"，导致她遭到家族的除名。在张氏族谱上，永远删去了"张乃（廼）莹"这个名字。

　　先是"悄吟"、后是"萧红"，成为这个特立独行的女性对自己的重新命名。首次署名"萧红"的成名作《生死场》，就取材于地主加租而引起赵三、王婆等乡民集体反抗的故事，而萧红的立场，鲜明地站在了同情劳苦大众的那一方。她之所以逃离故乡，就是为了那一片可以舒展精

神的广阔天空，哪怕遭遇物质上的困顿、感情上的打击，都没有改变她奋力飞翔的决心。

鲁迅在《伤逝》中提出的女性解放思想，是极具现实主义精神的。出走是容易的，但是，"娜拉走后怎样"，对于这道易卜生难题，鲁迅的答案是：

> 娜拉的面前只有两条路：不是堕落，就是回来。

寒冷、饥饿和穷困中的萧红，也注定逃不脱这样的命运，在生活的压迫下，她显然走的就是第二条路。"梦是好的；否则，钱是要紧的"，不过她所依赖的对象，由父亲变成了另一个以爱情为名同居的青年男子。为了"不愿意受和我站在两极端的父亲的豢养"，她选择了带她飞往新世界的陆振舜，后来又回头委身有鸦片烟癖的未婚夫，难道不是因为这个社会，并没有给她生存的空间吗？

"未嫁从父，既嫁从夫"的封建礼教要求，在五四新女性身上，仍然留下了深刻的烙印。她们在大声宣布"我是我自己的"同时，又陷入了"我需要归属他人"的悖论之中。正如鲁迅在《娜拉走后怎样》中的感喟：

> 可惜中国太难改变了，即使搬动一张桌子，改装一个火炉，几乎也要血；而且即使有了血，也未必一定能搬动，能改装。

透视子君和萧红们不能不依赖男人的生存状态，看当时中国女性潜在的普遍心理，是社会对人性自我的重重压抑，和独立人格的长久缺失。不一样的是，子君在被涓生遗弃后，马上死去了，而萧红继续艰难地活下去了，即使迫不得已时要不断妥协，也总算抓住了男人这根可以援救她的浮木。

萧红在现代文学史上的卓异之处，不是她的惊世骇俗的绯闻，而是她在追求女性独立人格中的大无畏精神。短暂的十年创作岁月里，她以血泪拼搏史为丝弦，在文字的焦尾琴上，孤独地弹奏着悲怆的命运交响曲，写出了近百万字的作品。她对弱势群体的悲悯，对世态人情的观照，对普遍人性的彻悟，有着与罗素同样深厚的智慧与慈悲的情怀，远远超越了小儿女之间恩怨悲欢的视野。

（六）诺亚方舟

——从胡适个性主义看萧红的追求

去年的五月，

正是我在北平吃青杏的时节，

今年的五月，

我生活的痛苦，

真是有如青杏般地滋味！

——萧红《偶然想起》

　　五四新女性群体的出现，并非偶然。1918 年 6 月 15 日，《新青年》杂志出版挪威戏剧家易卜生专号，在文学上倡导白话文革命的胡适，以《易卜生主义》一文，宣传了美国哲学家杜威的"健全的个人主义"思想：

　　真的个人主义，就是个性主义，其特性有两种：一是独立思想，不肯把别人的耳朵当耳朵，不肯把别人的眼睛当眼睛，不肯把别人的脑力当自己的脑力。二是个人对于自己思想信仰的结果要负完全责任，不怕权威，不怕监禁杀身，只认得真理，不认得个人的利害。

国民有健全的人格，勇于去除传统的奴性，敢于追求自由思想与独立人格，才是一个国家现代化的基石，正如胡适所提出的个人与社会关系：

> 争你们个人的自由，便是为国家争自由！争你们自己的人格，便是为国家争人格！自由平等的国家，不是一群奴才建造得起来的！

同时在《新青年》上发表的，还有袁振英的《易卜生传》，以及由胡适和他的学生罗家伦共同翻译的社会问题剧《玩偶之家》。袁振英称娜拉"为革命之天使，为社会之警钟"。一个勇于追寻自我的娇小女子娜拉，从玩偶般的被动生存状态中觉醒，发出"我首先是一个人，一个跟你一样的人"的声音，踏出了物质上安逸、精神上却缺乏尊严与自由的家门，决心"至少要学做一个人"。

娜拉被当作"民国初年进步男女共同向往的典范"，形成五四思想启蒙的一个重要符号，在当时的中国迅速形成了"娜拉"热。伴随着五四运动的发生，男女同校、社交公开以始料未及的迅猛速度发展，崇尚新思想和新道德、反抗旧礼法的新女性增多了。与"娜拉"相呼应，现代文学史上也出现了这样大量的"出走"奇观。秋瑾、吕碧城、丁玲、萧红、张爱玲、石评梅、庐隐，这些曾经引领一代风华的女性，无不以强烈抗争并摆脱封建家庭的姿态，否定现有的传统秩序，去追求一个理想的世界。

"风起于青萍之末，止于林莽之间"，时代的思想飓风，卷起拍岸惊涛，民国初年涌现的大批杰出女性，与新文化运动的启蒙是分不开的。五四时期的女性文学，一开始就与五四新文化运动主流中的"打倒孔家店"相呼应，进入一个心理意义上的"弑父时代"。她们不顾一切地逃向爱情的扁舟，以"自由恋爱"作为舟楫，将自己救赎出父权控制下的苦海，重新选择了人生道路。

正是在这样的时代背景下，萧红从哈尔滨的冰雪小城呼兰出走了。

在自叙性散文《初冬》中，搭着运白菜的大车离开福昌号屯后，流浪在哈尔滨的萧红，在冬日清凉的街道上遇见堂弟，两姐弟在咖啡室里小叙。心疼萧红的弟弟劝她回家，但瘦弱且生病着的萧红坚持不肯：

> 那样的家我是不能回去的，我不愿意受和我站在两极端的父亲的豢养……

在这里，她用的"豢养"一词，鲜明地表达了萧红的思想：她不愿意过动物般只为吃饱穿暖的物质生活，而宁愿为了理想中的精神生活去流浪。萧红理想中的精神生活是什么呢？自由和爱是她在人世间始终不渝的追求，而正因为如此，她像一只倔强的小小鸟，盲目地飞翔在浩茫而寒冷的天地中，几乎因冻饿而倒毙。

1931年冬天，有一段时间，萧红流浪在哈尔滨街头，在相识的伙伴白天上学的时候，在她们的床铺上躺着睡一会儿。在深夜的哈尔滨，她流离无依：

> 我是怎样的去羡慕那些临街的我所经过的楼房，对着每个窗子我起着愤恨。那里面一定是温暖和快乐，并且那里面一定设置着很好的眠床。一想到眠床，我想就想到了我家乡那边的马房，挂在马房里面不也很安逸吗？甚至于我想到了狗睡觉的地方，那一定有茅草，坐在茅草上可以使我的脚温暖。
>
> （《过夜》）

她最后被一个年老的妓女收留过夜，差点和一个叫小金铃子的女孩一样，成为被逼卖淫的对象。当萧红明白了老妓女所干的营生和收留自己的目的后，毅然在寒冬腊月，褪下身上的一件单衫，作为一晚住宿的代价。冬天的套鞋被小金铃子偷去卖了，萧红只好套上一双夏天的凉鞋，去接触寒冬腊月的冰雪街面。对于一个羽翼未丰的女孩，还有什么比在世间茕茕孑立、无所依傍的现实更残酷呢？但萧红是无畏的，她有着自尊自爱的操守：

> 两天没有见到太阳，在这屋里，我觉得狭窄和阴暗，好象和老鼠住在一起了。假如走出去，外面又是"夜"。但一点也不怕惧，走出去了！

> （《过夜》）

过了一个多月这样饥寒交迫的生活，1931 年 11 月中旬，无家可归的萧红，最后迫不得已，回头向未婚夫请求和好。为了一点活下去的温暖，她与汪恩甲在东兴顺旅馆同居了。汪恩甲当时在哈尔滨工业大学预科读书，不顾家庭的反对，偷偷收留了萧红，困厄之中，此举亦有雪中送炭的温情吧。

半年多的时间里，萧红一度又重新去上学，然而因为怀孕，最终又回到了汪恩甲身边。大约 1932 年的四五月间，汪恩甲的父亲在齐齐哈尔被日伪密探暗杀，他也因回家筹钱而离开了身怀六甲的萧红。因为双方家庭都是呼兰的大家族，所以旅馆放心地把萧红当作了人质。但汪恩甲此后行踪成迷，成为萧红研究中的一桩疑案。

将萧红与她笔下的人物相比，有相似之处，然而各自走向了不同的命运。《小城三月》中的翠姨这个女性形象，仿佛《红楼梦》里物质安逸而精神忧伤的林黛玉，用短暂的青春做着一个爱情的幻梦，在情人看望她后，眷恋而满足地死去。而在《生死场》里，从天真无知的少女转变为妻子和母亲的金枝，在现实中已经亲眼目睹了爱情婚姻的千疮百孔，失去孩子和丈夫后，为了生计走向更广阔的城市，感受到的又是在社会生存的残酷和男性原始动物性的伤害。

萧红曾经满怀着翠姨般对自由爱情的渴望，也遭受过与金枝一样痛

苦的女性身体刑罚，然而萧红显然有别于沉溺于情爱幻想的软弱郁悒的翠姨，也与从农村走向城市、饱受凌辱而无路可走的金枝大相径庭，因为她走向的是一个精神上更为健康的群体。

1932年7月，困居旅馆的萧红，因两人共欠下的400元旅馆食宿费，面临着被卖往妓院抵债的命运。仿佛在大海中溺水的人，萧红拼命地发出呼救的声音，她致信《国际协报》，诉说自己即将被卖的命运。

《国际协报》是一家商办的私人报纸，文艺副刊占据第四版二分之一的版面。当时哈尔滨的文艺气息十分浓厚，在报纸副刊的吸引下，聚集了萧军、方未艾、舒群等一大批经济窘迫而富有朝气的年轻文人。萧红作为文艺青年，在1932年五六月间也曾向《国际协报》投过诗稿，署名"悄吟"。如今她把获救的希望，也寄托在了代表时代进步方向和社会良知的现代媒体上。

萧红的自救举动，无疑是正确的。在她困居旅馆向《哈尔滨国际协报》投书求救时，就注定了与她相遇的，必然是接受了社会前沿资讯的新闻媒体人。7月10日，裴馨园和编辑部的年青人读到萧红的求救信，里面有这样的一句话：

难道现今世界还有卖人的吗？有！我就将被卖掉……

命途多舛的萧红，无疑又是幸运的，误入歧路的女学生的求助、"我们都是中国人"的呼吁，激发了这一批善良的中国男性的正义感。因为在二十年代，经过著名的刊物《新青年》《每周评论》等刊物的宣传，有关妇女问题和妇女解放的声浪，已经越来越高，基本形成了进步报纸刊物的共识。1919年夏，女高师学生李超因不顾传统家庭观念，入新式学校读书，备受虐待、忧愤成疾而死，就引起新文化舆论的强烈关注。如今一个女学生即将被送入火坑，无论如何他们是不会坐视不理的。

1932年7月11日，主编裴馨园出于新闻媒体的社会责任感，带领编辑部同仁孟希、舒群等人探访了困境之中的萧红。然而他们中除了裴馨园稍微富裕，其余的年青人不过是靠微薄的稿费和薪水为生，有时连饭都吃不上，显然无力帮忙还清这笔算是巨额的欠款。他们只能表示一番人道主义的关怀，要求旅馆的掌柜不得虐待萧红，更不得将其卖到妓院。裴馨园和舒群的来访，代表了一个友善的社会信号，在绝望里沉沦的萧红，终于在熬白了青丝的危机关头，看到了命运为她燃起的星星之火。

当晚，裴馨园在道外区的北京小饭店请客，召集一部分同事商量救助办法，席间就有此时笔名为"三郎"的萧军。大家七嘴八舌，纷纷表达同情与爱心，有人愿意抽出部分薪水替她还债，有人在为她筹划将来的职业，唯独萧军说：

> 我什么也不能做，我一无所有，只有头上几个月未剪的头
> 发是富余的，如果能换钱，我愿意连根拔下来。

众人都说"三郎醉了"，而当裴馨园说他可以卖文章换钱时，萧军大声笑道："天啦！在哈尔滨写文章卖给鬼吗？何况我又不会写卖钱的文章！"萧军不想"沽名地假慈悲"，是因为他没有同情心吗？不是的，当时他也不过是个无家可归、不名一文的浪子，又有什么本事掏出一大笔钱呢？

为了安抚近乎绝望的萧红，几日后裴馨园派萧军送几本书给她。在无边的黑暗中，命运终于又对萧红露出了曙光。萧军是个落拓不羁、真诚坦率的人，他写给好朋友方未艾的一首订交诗可见襟怀：

> 男儿处世要天真，莫作登台傀儡人。
> 疑友莫交交莫弃，相怜不过慰风尘。

他自幼熟悉杨家将、呼延庆的评书，还有《大隋唐》《瓦岗寨》的鼓

子词，识字后又阅读了大量的精忠列传、武侠奇观，耳濡目染中受着古典文学中英雄豪杰的影响。长大后的萧军，习武当兵，以诗会友，胸怀大志，广交同道，曾给自己起别号为"辽西醉侠"。他满腔侠义情怀，从小的理想就是"背插单刀一把，闯荡江湖，除暴安良，辅助弱小"，在军营里也为朋友抱打不平而受过牢狱之灾。

7月12日，奉裴馨园之命而来的萧军，在旅馆里见到的，是怀孕后期身形臃肿、衣衫破旧褪色的萧红。这样离乱的世道，苦难中挣扎的人那么多，自己也是身无分文、居无定所，有什么能力帮助别人呢？在萧军的作品《烛心》里，他一开始对于探访落难女子一事"全推却"了，然而在二萧见面之后，发生了戏剧性的改变。

这是一次毫无浪漫色彩的会面，女的并不光彩照人，男的也并非满怀爱意，只不过是两个偶然相逢的同样漂泊无定的青年人。当萧军客气地慰问了几句、放下书本准备离开的时候，萧红指着信纸上的"三郎"二字说：

> 我很喜欢这个人，我要同他谈谈。

这是何等勇敢而优雅的女子，在狼狈不堪之中，仍然闪耀着智慧的光辉。年青的诗人终于为这个女子的诗和画所吸引，而他们的长谈，开启了一个传奇的爱情经历。因为萧红此前读过萧军的报载小说《孤雏》，"里面有对我的脾胃的几句话"。热爱文字的人，是难以抗拒因文字而来的诱惑的：这个陌生的女子究竟对自己会有多少了解呢？萧军几经犹豫，终于选择了留下。

在小说《烛心》里，萧军以"畸娜"和"春星"的化名，纪录了他和萧红相识相知的历程。他们毕竟都是文艺青年，由自身谈及外部世界，关于读书、新出现的作家、友人等等，话题渐渐涉及到"爱的哲学"。畸娜面带微笑地发问："你对于爱的哲学是怎样解释呢？"豪迈的春星答道：

谈什么哲学，爱便爱，不爱便丢开！

这个爱的法则，有着最初的热烈与浪漫，也在丢开的时候有着残酷的任性。畸娜胆怯地追问："如果丢不开呢？"春星也没有了答案："丢不开……便任它丢不开吧！"畸娜认为这观点"太中和了"，春星也困惑地挠挠头，纵声大笑。两人在相互的倾诉中，彼此产生深刻的知音之感——"我们似乎全成了一具水晶石的雕体"。相怜相恋，相知相爱，给弥漫多日的乌云镶嵌上一道灿烂的金边，萧红的天空渐渐放晴了。

不久，夏天的连绵暴雨导致松花江决堤，哈尔滨市区被淹，成为一片汪洋，忙于逃生的店主放松了监控，萧红乘着救济船逃出了旅馆：

> 住在二层楼上那个女人，被只船载着经过几条窄狭的用楼房砌成河岸的小河，开始向无际限闪着金色光波的大海奔去。
>
> （《弃儿》）

逃出旅馆的萧红，最终找到萧军。萧军的顾虑并非多余，因为"他像一个破了的摇篮一样，什么也盛不住，衣袋里连一毛钱也没有"。他准备把自己最好的一件旧制服拿去当，结果连当铺也关门了。他恨自己把裤带子丢了，新买了一条皮带，结果差点在暴风雨的途中错过萧红：

> 他把皮带抽下来，鞭打着自己。为什么要用去五角钱呢，只要有五角钱，用手提着裤子不也是可以把自己的爱人伴出来吗？

他们后来暂时借住在主编裴馨园家，因为贫穷而备受歧视。女主人委婉地要求这对衣衫褴褛的情侣不要到街上走，因为"街上的人太多，很不好看"，"假设你们若是不住在我家，好看与不好看，我都不管的"。后来，为了不受他们的牵连，裴馨园把岳母留在这里住，自己一家搬到

另外的房子去住，把他们的被褥也都带走了。萧军晚年回忆往事时写下的诗句，重现了他当时的心理感受：

> 偶是相逢患难中，怜才济困一肩承。
> 松花江畔饥寒日，上海滩头共命行。

患难中的伴侣，真是"贫贱夫妻百事哀"啊！他们重新过上了饥寒交迫的日子，在萧红作为女人最痛苦的临产时刻，她的身边有着一个同样经历过苦楚，却"休管他人瓦上霜"的老女人——裴馨园的岳母。她充满优越感，像厌弃流浪的猫狗一样，用话语的利剑步步紧逼，恨不得立刻赶他们出去。怀孕给萧红带来的，不是即将成为母亲的安宁与欢欣，而是巨大的痛苦与耻辱：

> 蚊虫在她的腿上走着玩，肚子里的物件在肚皮里走着玩，
> 她简直变成个大马戏场了，什么全在这个场面上耍起来。

在瓢泼的冬日大雨中，这个可怜的孕妇，因为挨饿受冻，又在没有被褥的冰冷土炕上睡了两夜，肚子疼得在炕上滚成个泥人，发出野兽般疯狂的尖叫。萧军出去借钱，生怕麻烦和纠缠的裴馨园，却连借一元车钱送孕妇入医院都推脱了。当萧军好不容易拉着马车送她去医院时，萧红感觉自己"好像一个龃龉的包袱或是一个垃圾箱"。

萧军1936年写的《为了爱的缘故》中，记录了萧红此期的生活。她"产后头痛、脱发，一切衰弱和疾病，都在这时候显现出来了"。当萧红又一次濒临死亡的时候，医院因他们无钱而拒绝医治，萧军对冷漠的医生暴怒地宣布：

> 我向你说，如果今天你医不好我的人，她要是从此死

去……我会杀了你，杀了你的全家，杀了你们的院长，你们院长的全家，杀了你们这所医院所有的人……我现在等着你给我医——

（《为了爱的缘故》）

萧军面临爱人生死未卜的时刻，以失去理性的蛮横，终于换来了医生还算及时的救治。命悬一线的萧红，终于被这个仗义的爱人从鬼门关前拉了回来。她对萧军的感念，证明了他们的爱，是相濡以沫、生死与共的知己之情：

> 这是两个雏鸽，两个被折了巢窠的雏鸽。只有这两个鸽子才会互相了解，真的帮助，因为饥寒迫在他们身上是同样的分量。

（《弃儿》）

二萧相濡以沫的爱情，并不因为他们卑微的地位和困苦的处境而减损光芒。回首萧红的出走历程，后世的猎奇者们窥见的往往是三角恋和八卦逸事，然而更确切的研究，应该关注的是她的心灵感受。在《小城三月》里，翠姨在临终前说：

> ……人家也许以为我是任性……其实是不对的。不知为什么，那家对我也会是很好的，但是我不愿意。我小时候，就不好，我的脾气总是，不从心的事，我不愿意……这个脾气把我折磨到今天了……可是我怎能从心呢……真是笑话……谢谢姐姐她还惦着我……请你告诉她，我并不像她想的那么苦，我也很快乐……

　　"我的心里安静，而且我求的我都得到了。"爱情的慰藉是那么重要，连死亡都显得微不足道。翠姨的人生可以是安逸的、衣食无忧的，但她宁愿死，也不愿嫁给不爱的人，就是为了她的心。即使与暗恋的人由于世俗的原因不能在一起，只要意中人来看望她一眼，所有的心愿就满足了。

　　"不自由，毋宁死"，翠姨这种"任性""从心"的行事风格，不也是萧红短暂一生的精神写照吗？在滔滔洪流中，她幸运地等到了脱离漫漫苦海的诺亚方舟，并与萧军同舟共济，"开始向无际限闪着金色光波的大海奔去"。

（七）并蒂秋花

——从《人的文学》看萧红的新生

只有爱的踟蹰美丽，

三郎，我并不是残忍，

只喜欢看你立起来又坐下，

坐下又立起，

这其间，

正有说不出的风月。

——萧红《春曲》其四

1918 年 12 月，周作人在《新青年》上发表了《人的文学》，以人道主义为标准，谈到了"人"的理想生活：

我所说的人道主义，并非世间所谓"悲天悯人"或"博施济众"，乃是一种个人主义的人间本位主义。

这种以人为本的道德理念，首先关注的是个人的生存体验，只有"利己而又利他"的生活，才是一个文明社会的基础。周作人认为：

要讲人道，爱人类，便须先使自己有人的资格，占得人的位置。

如不先知自爱，怎能"如己"的爱别人呢？至于无我的爱，纯粹的利他，我以为是不可能的。

如果连人的正常资格和地位都没有，那么，只能先为自己的生存而奋斗了，尚且顾不上"利他"。在周作人看来，先秦时期的墨家思想，主张"兼爱"，"爱人不外己，己在所爱之中"，这便是对于人际关系最透彻的概括：

他以为苦的，在我也必以为苦。这苦会降在他身上，也未必不能降在我的身上。因为人类的运命是同一的，所以我要顾虑我的运命，便同时须顾虑人类共同的运命。

人类的命运是息息相关的，周作人在"人"的普遍意义上思考，我们应该过怎样的理想生活？他认为，人首先需要在物质上做到能够健康生存下去，而后再去实现人类社会的道德理想：

以爱智信勇四事为基本道德，革除一切人道以下或人力以上的因袭的礼法，使人人能享自由真实的幸福生活。

（周作人《人的文学》）

这个近百年前的梦想，多么地振聋发聩！"自由真实的幸福生活"，果真是人人能够享受到的么？为生存而奋斗，在对于贫穷的人而言，已经是艰苦卓绝的努力了。所幸的是，萧红遇见的是对生活永不低头的萧军。他的勇于担当的强者姿态，对知识女性的欣赏和对受难弱者的同情，使萧红避免了和金枝一样的命运，从而结束了在城市流浪的生活，走向一个新的生命境界。

萧军在《烛心》里，将萧红命名为"畸娜"，正体现了他对时代新女性的理解与保护心态，而一见钟情式的爱情，使人性焕发出更温暖的光芒。他的乐观顽强，感染着病弱的萧红；他的侠义气魄，成为萧红依靠的安全港湾；甚至他的蛮横武力，也为萧红赢得了活下去的机会。有了爱情的支撑，濒临死亡的萧红，生的意愿却是那么顽强。正是这个充满热情与豪气的男子，给绝境中的她带来了美好地活下去的希望。

> 为什么我不想死，为什么连死的梦也不做一个……为什么你尽是笑？
>
> 她用手遮蔽起他在望向窗外的眼睛，他就把她的手握住了，说："我在想，应该怎样活，并且活得要美！"
>
> （《为了爱的缘故》萧军）

萧红在医院产下的女婴，一定不会知道，一个年轻的女子因为生育，而备受身体和精神的摧残，这是多么悲凉的际遇！自身尚徘徊在生死边缘的女性，如何有心力做一个母亲呢？一个连自己的生活都朝不保夕的人，如何能够为另一个柔弱的生命负责呢？这是一场多么痛苦的骨肉割舍：

> 满墙泻着秋夜的月光，夜深，人静，只是隔壁小孩子在哭着。
>
> 孩子生下来哭了五天了，躺在冰凉的板床上，涨水后的蚊虫成群片地从气窗挤进来，在小孩的脸上身上爬行。他全身冰冰，他整天整夜的哭。冷吗？饿吗？生下来就没有妈妈的孩子谁去管她呢？
>
> 月光照了满墙，墙上闪着一个影子，影子抖颤着，芹挨下床去，脸伏在有月光的墙上——小宝宝，不要哭了妈妈不是来

抱你吗？冻得这样冰呵，我可怜的孩子！

孩子咳嗽的声音，把芹伏在壁上的脸移动了，她跳上床去，她扯着自己的头发，用拳头痛打自己的头盖。真个自私的东西，成千成万的小孩在哭怎么就听不见呢？成千成万的小孩饿死了，怎么看不见呢？比小孩更有用的大人也都饿死了，自己也快饿死了，这都看不见，真是个自私的东西！

（《弃儿》）

这是一个多么残酷的世界，因为贫穷，更因为颠沛流离。如果那是萧军的孩子，也许不会遭受刚刚出生就被抛弃的命运吧？可是在这个女人没有任何权利和地位的社会里，女性不是为自己完整的生命体验而生育的，而是为了男性家族的传承。孩子身上流动的仿佛只有父亲的血液，而一个没有父亲的孩子，显然是没有生存资本的，谁也不会多看一眼。这个人人自危的时代，连"有用"的大人都自顾不暇，何况一个"没有用"的婴儿呢？社会给弱势的女性和儿童，留下的生存空间是多么窄小；她们的地位，又是多么卑微！

胡适所宣传的易卜生主义认为："全世界都象海上撞沉了船，最要紧的是救出自己。"这种救出自我的为我主义，首先是在这个世界上确立自我。没有个人的独立生活能力，萧红能够拿什么为孩子负责任？如果没有抛弃孩子，也许结果不过是多了一大一小两具冻僵的尸体吧。谴责萧红抛弃孩子，不如先设身处地体验她的苦楚，那是因为社会无情地抛弃了女性和儿童，没有给他们任何保障啊！

不管萧军和萧红爱得有多仓促，也不管未来的结局如何，这双在患难中伸出的扶危济困之手，这个挡住了狂风暴雨的坚实肩膀，难道不是最可贵最值得感恩的吗？至少萧军的爱情，使一个孤苦无依的女子振作起来，和同样贫穷的爱人一起奋斗，共同去寻找光明的道路。由此看来，萧红还是幸运的女子，因为在"青杏般滋味"的痛苦和绝望中，她收获的不仅是生活的希望，还有爱情的甜蜜。

萧军从小就是一个叛逆性强的人，由于他尚在襁褓中母亲就因常被父亲毒打而吞鸦片身亡，自己也因为逃学被父亲打得胳膊脱臼，因而长大后，萧军对父亲充满了仇视。在消极意义上，父权意味着成年男性对女性和晚辈肆无忌惮的的压制和迫害，萧红和萧军因为同样的经历，结成了同仇敌忾的同盟军。这种人生道路的选择，使他们打破了固有的生活模式，而致力于重新建造生命的价值坐标体系。正如萧军所回忆的当年情形：

> 不管天，不管地，不担心明天的生活；蔑视一切，傲视一切……这种"流浪汉"式的性格，我们也是共有的。

这一时期的萧红，虽然在物质上是贫乏的，然而在精神上是愉快的。可以说，没有此时志同道合、患难与共的萧军，就没有文学史上萧红出现的可能性。萧红生产后出院，一无所有的两个人，一开始栖身在友人家中，后来又被迫搬到欧罗巴旅馆，过着"只有饥寒，没有青春"的生活。萧军爱惜她的才华，怜惜她的境遇，而没有嫌弃她弃妇的身份，这一点已经是世间男子少有的胸怀了。

《商市街》这一本散文集，是萧红对他们生活在哈尔滨时期的记录。萧红一生的创作，都是源于生活的真实声音。萧红纪录饥饿体验的散文，不是属于她个人的，而是属于整个社会底层贫苦百姓的悲哀：

> 一个女人站在一家药店门口讨钱，手下牵着孩子，衣襟裹着更小的孩子。药店没有人出来理她，过路人也不理她，都象说她有孩子不对，穷就不该有孩子，有也应该饿死。
>
> 我只能看到街路的半面，那女人大概向我的窗下走来，因为我听见那孩子的哭声很近。

　　"老爷，太太，可怜可怜……"可是看不见她在逐谁，虽然是三层楼，也听得这般清楚，她一定是跑得颠颠断断地呼喘："老爷老爷……可怜吧！"

　　那女人一定正象我，一定早饭还没有吃，也许昨晚的也没有吃。她在楼下急迫地来回的呼声传染了我，肚子立刻响起来，肠子不住地呼叫……

　　郎华仍不回来，我拿什么来喂肚子呢？桌子可以吃吗？草褥子可以吃吗？

（《饿》）

　　作为最底层穷人的代表者，她关注的不仅仅是困境中的自己，而是将悲悯的目光投向社会中的弱者，揭示出他们卑微而严酷的生存状态，引起疗救病态社会的注意。她用冷峻的笔记录着这个处处都是哀嚎的社会：

　　这样好的行人道，有树，也有椅子，坐在椅子上，把眼睛闭起，一切春的梦，春的谜，春的暖力……这一切把自己完全陷进去。听着，听着吧！春在歌唱……

　　"大爷，大奶奶……帮帮吧！……"这是什么歌呢，从背后来的？这不是春天的歌吧！

　　那个叫化子嘴里吃着个烂梨，一条腿和一只脚肿得把另一只显得好象不存在似的。"我的腿冻坏啦！大爷，帮帮吧！唉唉……"

　　有谁还记得冬天？阳光这样暖了！街树蹿着芽！手风琴在隔道唱起来，这也不是春天的调，只要一看那个瞎人为着拉琴而扭歪的头，就觉得很残忍。瞎人他摸不到春天，他没有。坏了腿的人，他走不到春天，他有腿也等于无腿。

世界上这一些不幸的人，存在着也等于不存在，倒不如赶早把他们消灭掉，免得在春天他们会唱这样难听的歌。

墙根，转角，都发现着哀哭，老头子，孩子，母亲们……哀哭着的是永久被人间遗弃的人们！那边，还望得见那边快乐的人群。还听得见那边快乐的声音。

（《春意挂上了树梢》）

萧红的笔触是细腻的，深蕴着对冰火两重天的悲惨世界的讽刺和控诉。对自由和光明的向往，对爱与温暖的渴望，对人类苦难不可遏止的同情心，是她作品最厚重有力的和弦。萧红痛恨的是对他人痛苦无动于衷，她害怕自己成为那些"没有心肝"的"狗"：

我们也是一条狗，和别的狗一样没有心肝。我们从水泥中自己向外爬，忘记别人，忘记别人。

（《春意挂上了树梢》）

人在顺境时，给别人一点施舍，并不是难事；可是人在逆境时，尚能够对陌生人怀有广大的同情心，这正是萧红的伟大之处。穷人的苦难，并不是可耻的，萧红与萧军的爱情，依旧是掏心掏肺的温暖。他们就像两条涸辙之鱼，过着"相濡以沫、相呴以湿"的生活，苦，并幸福着：

我吃得真快，怎么吃得这样快？真自私，男人真自私。

只端起牙缸来喝水，他再不吃了！我再叫他吃他也不吃。只说："饱了，饱了！吃去你的一半还不够吗？男人不好，只顾自己。你的病刚好，一定要吃饱的。"

（《家庭教师》）

在萧红的笔下，她的三郎是多么值得热爱的伴侣。他穿得像叫花子一样，冻得嘴唇都结霜了，经常饿着肚子出去当武术教师，但对体弱多病的爱人照顾有加。在萧军找到家庭教师的工作后，他们才终于在商市街25号落脚：

> 像春天的燕子似的：一嘴泥，一嘴草……我和我的爱人也终于也筑成了一个家。
>
> （《为了爱的缘故》）

萧红有了一个小小的落脚之处，在家里做了一个操劳的家庭妇女。她每天除了琐碎的家务，就是怀揣着爱情的热量，在无边的寒冷和寂寞里等待萧军回家：

> 我饿了，冷了，我肚痛，郎华还不回来，有多么不耐烦！连一只表也没有，连时间也不知道。多么无趣，多么寂寞的家呀！我好象落下井的鸭子一般寂寞并且隔绝。肚痛、寒冷和饥饿伴着我，……什么家？简直是夜的广场，没有阳光，没有暖。
>
> 门扇大声咣啷咣啷地响，是郎华回来，他打开小水桶的盖给我看：小刀，筷子，碗，水壶，他把这些都摆出来，纸包里的白米也倒出来。
>
> 只要他在我身旁，饿也不难忍了，肚痛也轻了。
>
> （《提篮者》）

纤细敏感的神经，和善思多感的头脑，是艺术的福音，却也是忧伤的源泉。这一时期，对于蜗居在家洗衣做饭的萧红而言，是与世隔绝的寂寞。她用善良的目光体验着日常生活，然而她柔软的心不忍直视坚硬而冰冷的真相。

不吃这鱼吧。然而它已经没有肚子了，可怎样再活？我的眼泪都跑上眼睛来，再不能看了。我转过身去，面向着窗子。窗外的小狗正在追逐那红毛鸡，房东的使女小菊挨过打以后到墙根处去哭……

（《同命运的小鱼》）

在颇具纪实性的小说《广告副手》里，萧红为了减轻萧军的经济压力，凭自己的绘画才能，找了一份在电影院协助画广告的工作，然而由于萧军的反对以及工作的瑕疵，只干了一晚上就被辞退了。这是萧红唯一的工作经历，长久困居家中的生活，使她感到无比孤独寂寞：

连视线都被墙壁截止住，连看一看窗前的麻雀也不能够，什么也不能够，玻璃生满厚的和绒毛一般的霜雪。这就是"家"，没有阳光，没有暖，没有声，没有色，寂寞的家，穷的家，不生毛草荒凉的广场。

（《他的上唇挂霜了》）

萧红踏出了一个封建家庭，难道需要的就是这样一个除了爱情就如此单调荒芜的家吗？然而这一时期萧军对萧红的感情，可谓专一而负责，他不但为两人的一日三餐奔波，还关注着萧红的精神苦闷，利用自己的人际关系，为她的才华打开了一扇通往世界的窗口。萧军送给爱人的三首定情诗，字里行间透露的挚爱深情，如今一样令人动容：

（一）

浪儿无国亦无家，只是江头暂寄槎。

结得鸳鸯眠便好，何关梦里路天涯。

77

（二）

浪抛红豆结相思，结得相思恨已迟。

一样秋花经苦雨，朝来犹傍并头枝。

（三）

凉月西风漠漠天，寸心如雾亦如烟。

夜阑露点栏干湿，一是双双俏倚肩。

　　这是萧红沉浸在爱情里的幸福时期，她以近乎革命者的意志扫除了过往的悲伤，记录着贫困中依旧闪烁的理想光芒。她质朴动人的语言、广大悲悯的关怀，至今仍然魅力四射。写作，成为萧红倾诉自我、观照内心、触摸苦难、安妥灵魂的方式。她关注当下的社会生活，也回忆往昔的岁月，在文字里映射出世间普通男女的悲欢与成败。

　　1919 年，周作人在著名的文学评论《平民文学》中提出："文学的精神区别，指它的普遍与否，真挚与否。"萧红用五四新文化运动提倡的通俗白话写成的作品，反映了当时人民大众最真实的生活情状，正是周作人所提倡的"人的文学""平民文学"，也是以人道主义为本的"为人生的文学"。二萧就是那并蒂的秋花，以艰难的绽放，绚烂了那些凄风苦雨的岁月。

（八）黄金时代

——从三纲五常藩篱看萧红的知遇

七月里长起来的野菜，

八月里开花了。

我伤感它们的命运，

我赞叹它们的勇敢。

——萧红《沙粒》

千百年来家族继承制的体系，形成了以男性为中心的现实社会，"父亲"有着意味深远的象征意义，"君权""父权"和"夫权"，构成整个社会为之努力和献身的价值体系。对应于理学家们建构的"三纲五常"的社会秩序，封建社会男子的道德标准体现为"君令臣死，臣不得不死；父命子亡，子不得不亡"的忠顺，对女性的要求则更是"三从四德"式的无条件服从。

传统父爱的本质就是顺从，不顺从就是最大的罪孽，会受到失去"父爱"的惩罚。这种以统治为目标的父权，在五四新文化运动中遭到猛烈的批判，儒家的传统道德在西学东渐的氛围里受到知识分子的摒弃。在民主与科学的两面大旗下，站起了一个个伟大的思想家，他们用自己

的理智和判断力，解构和颠覆了传统"父亲"的形象，在平等和自由的标杆上重塑了"觉醒的人"的社会价值观。

社会的巨大变革，常常会在精神敏锐的人身上反映出来，作为时代的弄潮儿，他们也往往要承受迥异于安常处顺的痛苦。萧军作为进步青年，虽然离开了《国际协报》，生活中也出现了更多志同道合的朋友。在萧军的允许和带领下，萧红和他一起参加了由金剑啸等人组织的"牵牛坊"左翼文学活动。经常前去的除二萧外，还有罗烽与白朗夫妇、舒群、达秋、白涛等共产党员和进步文化人士。

萧红在绘画和戏剧领域显露了她的天分，她到电影院去帮助金剑啸画广告，并成为"星星剧团"的编剧和演员。她还参加了由金剑啸发起的"维纳斯画展"，展出她画的两幅水彩画。这些难忘的经历，都被细腻的萧红记录在《商市街》系列中。《"牵牛房"》《几个欢快的日子》等篇章，形成了一部独特的两人共同的奋斗史，也烙刻下两个叛逆青年在变革时代成长为左翼青年的足迹。

在东北时期，在方未艾、舒群、白朗等编辑的影响和鼓励下，步入文学创作领域的萧红，以悄吟的笔名发表了大量作品。她在《大同报》副刊《大同俱乐部》上发表了《弃儿》，并以小说《王阿嫂的死》应征《国际协报》的新年征文，受到编辑方未艾的青睐。因为萧军的朋友关系，也由于萧红本身的文学才华，她成为"夜哨"文艺周刊的主要撰稿人之一。其中，以自己的生活遭遇为蓝本的散文《弃儿》，以及描述与萧军艰难爱情生活的《商市街》系列，反映社会不平等现象、控诉地主欺压农民的小说《王阿嫂的死》，都是她前期的代表作。

在爱人的支持和友人的鼓励下，萧红终于走上了文学创作的道路，她的人生终于展开了一幅崭新的图景。二萧发表文章的机会多了起来，他们努力而专心地写作，过着艰苦而快乐的卖文生活。二萧当时的幸福，给友人留下深刻印象：

萧军脖子上系了个黑蝴蝶结，手里拿着三角琴，边走边弹；萧红上穿花短褂，下着一条女中学生通常穿的黑裙子，脚上蹬了一双萧军的尖头皮鞋，看上去特别引人注目。他们边走边唱，就象流浪的艺人一样。

这样的日子，对于萧红而言，是充满理想主义光辉的，因为此时，她与爱人的方向完全一致，爱情生活也涂抹着明亮而欢愉的色彩。他们与朋友们一起谈论、跳舞，一起划船、游泳，共同享受着生命的欢乐，也共同面对着生活给予的考验。

1933 年 10 月，萧红与萧军在朋友的资助下，把之前一两年间发表过的小说和散文，选成了一个集子，自费出版了小说、散文和诗歌合集《跋涉》。里面收入萧红的《王阿嫂的死》《广告副手》《小黑狗》《看风筝》《夜风》等五篇小说和一首小诗《春曲》，萧军收入六篇作品，有《烛心》《孤雏》等。萧红积极地参与了这个过程中，每晚都在昏暗的煤油灯下抄写两人的书稿：

> 永远不安定下来的洋烛的火光，使眼睛痛了。抄写，抄写……蚊虫啄着我的脚面，后来在灯下也嗡嗡叫，我才放下不写。……
>
> （《册子》）

萧红不但忙着抄稿、校对，还跟着萧军跑到印刷局去，看印刷工人排铅字，亲自装订书籍。当她看到工人在印刷自己的稿子《夜风》时，"比儿时母亲为我制一件新衣裳更觉欢喜"。第二天是中秋节，印刷厂工人放假休息，印好的册子还来不及装订，二萧跑到印刷厂亲自动手装订。傍晚时分，萧军叫来一辆斗车，把忙了一天才装订好的 100 册书提到车上，坐在车上的二萧，心情就象马脖子上欢悦跳动的铃铛，觉得自己是

天底下最富有的人。

《跋涉》能够顺利出版，主要得益于他们的好朋友舒群。慷慨义气的舒群听说二萧苦于无钱出书，便把省吃俭用拿来孝敬父母的40元，从贫寒的家里狠心要回来，交给萧军作为出版资助。这笔钱解决了《跋涉》出版所需的大部分经费。萧军在《跋涉》初版的《书后》写道："这个集子能印出，我只有默记黑人（舒群）弟和幼宾兄的助力。"

这部书虽然只印了1000册，但也轰动了沦陷初期的东北文坛。萧红此时只有22岁，已经在文学的天空散发出自己的星光，成为东北沦陷区第一位著名的女作家。

然而，出版作品的喜悦，不久就被恐怖的阴霾笼罩。由于哈尔滨已经沦陷在日伪政权手中，在法西斯专制主义的统治下，文化上的白色恐怖日趋严重，他们的合集不久就被禁止发行，随时都有被逮捕的危险。萧红害怕身边出现的一切陌生面孔：

> 没有什么办法，逃，没有路费，逃又逃到什么地方去？不安定的生活又重新开始。从前是闹饿，刚能弄得饭吃，又闹着恐怖。好象从来未遇过的恶的传闻和事实，都在这时来到：日本宪兵队前夜捉去了谁，昨夜捉去了谁……
>
> （《白面孔》）

胆小的萧红草木皆兵，夜里也害怕得睡不着，而萧军以他一贯的英勇气概安慰着她：

> 没有什么。怕狼，怕虎是不行的。这年头只得碰上什么算什么……
>
> （《剧团》）

在朋友们的劝说下，他俩于 6 月 12 日离开哈尔滨，经由大连去青岛，投奔老朋友舒群。到青岛后，萧军接办了《青岛晨报》副刊，创作《八月的乡村》，而萧红则在家里继续完成她的中篇小说《麦场》（在上海出版时由胡风改为《生死场》）。在共同跋涉的文艺道路上，他们相濡以沫，走出了人生最艰难的困境，并取得了初步的成就。以致萧红在日本回顾他们过往生活的时候，仍然崇拜着萧军：

> 灵魂太细微的人同时也一定渺小，所以我并不崇敬我自己。
>
> 我崇敬粗大的、宽宏的！……

青岛的安定生活没过多久，左翼文学活动又遭到国民党的压制。二萧的作品基本完稿后，萧军开始与鲁迅先生联系，写信给这位当时已经赫赫有名的文坛大师。鲁迅对于他们的小说一开始就是赞赏的，曾经在给萧军的回信里写道：

> 小说稿已看过了，都做得好的——不是客气话——充满着
>
> 热情，和只玩些技巧的所谓"作家"的作品大两样。

1933 年 9 月底，舒群夫妇在岳家过中秋节时，猝不及防地就被当局逮捕，给二萧也带来潜在的危险。因而，接到鲁迅先生的回信后，他们决定去上海投奔这位素未谋面的文坛前辈。10 月底，怀揣着鲁迅给他们的回信，萧军、萧红带着他们已经完成的小说《八月的乡村》和《生死场》，搭乘一条日本货轮离开了青岛。

1934 年 10 月底，萧红和萧军来到人地生疏的上海。在白色恐怖下，鲁迅一开始采取了审慎交往的态度，从频繁的书信往返中加深互相了解，还托胡风等人侧面打听二萧的身份和可能存在的党派背景。鲁迅对于陌生人是警惕的：

青年两字，是不能包括一类人的，好的有，坏的也有。但我觉得虽是青年，稚气和不安定的并不多，我所遇见的倒十之七八是少年老成的，城府也深，我大抵不和这种人来往。

可是在复杂的文坛斗争中，二萧如同原野上带着花草气息的夏日熏风，裹挟着一股清新的泥土味，给鲁迅带来单纯明快热情的感觉。他在与萧军的通信中表明了对他们的喜爱：

> 我最讨厌江南才子，扭扭捏捏，没有人气，不像人样……由我看来，大约北人爽直，而失之粗，南人文雅，而失之伪。粗自然比伪好。

萧红的纯真，同样体现在与鲁迅的交往中。鲁迅曾在给萧军信的末尾，附上一句"吟女士均此不另"，不料萧红在回信中马上提出抗议，坚决反对鲁迅称呼她"女士"。实际上她不满的深层原因，更应该是"均此不另"中透露出的对女性的忽视吧。作为一个妇女解放运动的领导者，鲁迅马上意识到了萧红与众不同的个性。在下一封信里，鲁迅便半开玩笑地问道：

> 悄女士在提出抗议，但叫我怎么写呢？悄婶子，悄姊姊，悄妹妹，悄侄女……都并不好，所以我想，还是夫人太太，或女士先生罢。

萧红的单纯可爱，鲁迅的调侃幽默，使他们的交往变得更加融洽了。后来，鲁迅在信的末尾特意写上"俪安"，并打上箭头问萧红对这两个字抗议不抗议。显然，鲁迅对这位天真稚气而又有才华的女性，产生了相当大的好感。

11 月 27 日，鲁迅应萧红、萧军邀请，在一间咖啡馆里，与他们第一次会面。在生活的窘迫中，他们不得已向鲁迅先生告借了二十元钱。细心的鲁迅在临分别时，将一个信封放在桌上，用手指着对二萧说："这是你们所需要的。"而当时，他们连坐电车回家的零钱也没有，鲁迅先生又从衣袋里掏出一些银角子和铜板放在桌上。大姐姐似的许广平拉着萧红的手说："见一次真是不容易啊！下一次不知什么时候再见了！"鲁迅在一旁解释道："他们已经通缉我四年了。"

二萧听后，对鲁迅先生的危险处境十分震惊，同时也理解了他对与青年们见面十分慎重的原因。惯于穷困和漂泊的两个年轻人，第一次因为才华和纯朴的本性而迎来了幸运之神的垂青。萧红在日本寄给萧军的信中，曾经深情地写道：

> 我们刚来到上海的时候，另外不认识更多的一个人了。在冷清清的亭子间里读着他的信，只有他，安慰着两个飘泊的灵魂！

作为初出茅庐的文学青年，能够得到鲁迅先生这样文坛大师的尊重与信任，对于他们而言，无疑是意义重大的。高山流水般的知遇之恩，基本改变了二萧原有的生命格局。萧军在回忆往事时，对鲁迅先生仍然满怀感恩：

> 留在我心上的感念的创痛，直到今天它们还在隐隐作痛着！……所谓"涸辙活命一滴水，胜似西江波"是也。

11 月 30 日，鲁迅一家宴请了二萧，这样的家庭聚会，表明鲁迅已经完全信任这两位年轻人，把他们当作亲人和朋友了。为了赴鲁迅先生的宴请，也为了爱人的形象，萧红特意花了七角五分钱，从大拍卖的铺子

里买了一块布，花了一天的时间，亲手为萧军缝制了一件新外套。"她几乎是不吃、不喝、不休地在缝制着，只见她美丽的、纤细的手指不停地在上下穿动着……"多年后，萧军回忆起往事，还是忍不住感叹：

> 我们那时的物质生活虽然是穷困的，但在爱情生活方面，
> 却是充实而饱满的啊！

12月19日，鲁迅先生再次请客吃饭，把他们引进到上海的进步文化圈。这次宴会，名义上是为文艺批评家胡风的儿子做满月，而实际上是为了将初来乍到上海的萧军和萧红，介绍给茅盾、聂绀弩、叶紫等人。当时鲁迅宴请的主角本来是胡风夫妇和孩子，因信件未及时收到而缺席，所以这基本上就是迎接二萧步入上海文坛的宴会了。

无论参加宴会与否，这些人后来都成为萧红的"重要他人"。作为精神导师、文坛巨匠，鲁迅先后为叶紫和萧军的长篇小说写了序言，萧红看到后，也写信给鲁迅先生："他们的书都有你给写《序》，我也要！……"鲁迅先生自然没有疏忽她的请求，在稍后亲笔所写的《生死场》序言里，对萧红的小说作出了经典性的客观评价：

> 这自然还不过是略图，叙事和写景，胜于人物的描写，然而北方人民的对于生的坚强，对于死的挣扎，却往往已经力透纸背；女性作者的细致的观察和越轨的笔致，又增加了不少明丽和新鲜。精神是健全的，就是深恶文艺和功利有关的人，如果看起来，他不幸得很，他也难免不能毫无所得。

鲁迅亲自为《八月的乡村》和《生死场》所作的序言，使这些作品在"红色三十年代"的背景下，成为时代文学的重要组成部分。鲁迅还指导他们组成"奴隶社"，计划推出庞大的"奴隶丛书"。最终在国民

党当局的文化管制下，"奴隶社"只先后出版了叶紫的《丰收》、萧军的《八月的乡村》和萧红的《生死场》。

《八月的乡村》的序言部分是鲁迅先生的亲笔手迹，由萧军亲自制版，萧红要来的序言则是许广平誊写过的，她感到"不平"，就又写信去要先生的"笔迹"。鲁迅先生不以为忤，在回信中戏谑道：

> ……我不大希罕亲笔签名制版之类，觉得有些孩子气，不过悄吟太太既然热心于此，就写了附上，写得太大，制版时可以缩小的。这位太太到上海以后，好像体格高了一点，两条辫子也长了一点子，然而孩子气不改，真是无可奈何。

在鲁迅的授意下，著名评论家胡风为《生死场》写了《读后记》。胡风的评价，为萧红定下了左翼作家的基调：

> 这本不但写出了愚夫愚妇的悲欢苦恼，而且写出了蓝空下的血迹模糊的大地和流在那模糊的血土上的铁一样重的战斗意志的书，却是出自一个青年女性的手笔。在这里，我们看到了女性的纤细的感觉，也看到了非女性的雄迈的胸境。

而茅盾在萧红去世后，为《呼兰河传》写下的序言，则肯定了萧红独特的语言风格和美学意义：

> 要点不在《呼兰河传》不像是一部严格意义的小说，而在于它这"不像"之外，还有些别的东西——一些比"像"一部小说更为"诱人"些的东西：它是一篇叙事诗，一幅多彩的风土画，一串凄婉的歌谣。
>
> 有讽刺，也有幽默，开始读时有轻松之感，然而愈读下去

心头就会一点一点沉重起来。可是，仍然有美，即使这美有点病态，也仍然不能不使你炫惑。

　　这几位在现代文学史上举足轻重的大家，他们的褒扬，对于奠定萧红的文学地位，有着不可小觑的作用。鲁迅还特地指派叶紫做他们在上海的"向导"和"监护人"，通过鲁迅的介绍，二萧结识了上海的一批左翼进步作家和美国著名记者史沫特莱等人，进一步拓开了视野。

　　聂绀弩与二萧保持了终生的友谊，也是萧红信任的大哥和知音。在上海时期，萧军、萧红的积蓄无多，两人为衣食所困，前来探望他们的聂绀弩，便为他们出主意。萧军正苦于无处发表文章，聂绀弩提醒他："你可以找鲁迅先生啊！他总有办法。"二萧来到上海，在经济上已经得到接济，萧军不好意思处处麻烦先生，聂绀弩鼓励他："你总得生活下去呀！老头子（鲁迅）介绍去的文章如果不是太差，他们总是要登的。太差的文章老头子也不肯介绍的。"

　　萧军果然鼓起勇气，把刚刚写好的两篇小说《职业》和《搭客》寄给鲁迅，希望介绍发表。鲁迅收到信和稿件后，赞赏他"写得很好"，并爽快地帮助他介绍给上海的大型文化杂志《文学》和《良友》。后来，他们顺利地在《太白》《中学生》《作家》《文丛》《文学月刊》《中流》等鲁迅支持的进步文艺刊物上发表散文、诗、小说，从此在上海滩扎下了根基。

　　孩子气的萧红，见萧军的文章写得既好，又有地方发表，也写信给鲁迅先生，诉说自己近期因为懒散、了无用心，身体都胖得像个蝈蝈了，希望鲁迅先生用鞭子抽打一下，那样，便能振作写出文章来。鲁迅见信后，幽默地回复道：

　　　　我不想用鞭子去打吟太太，文章是打不出来的，从前的塾师，学生背不出书就打手心，但愈打愈背不出，我以为还是不要催促好。如果胖得像蝈蝈了，那就会有蝈蝈样的文章。

这种真诚的体恤与指点，对于萧红来说，是一种多么难得的温暖和尊重啊。鲁迅对她无私的关爱与支持，是唯一可以与祖父相提并论的精神支柱。当年萧红北平求学时的好友李洁吾回忆道：

> 1937年，她从上海来北京看我的时候，偶然之间我们又谈到了父亲。我说："鲁迅先生待你们，真像慈父一般哪！"廼莹马上就说："不对！应该说像祖父一样。没有那么好的父亲！"

鲁迅以他宽厚仁爱的胸怀和卓越深邃的见识，打破了三纲五常的藩篱，为初出茅庐的萧红，展现了这样一个成熟而崭新的"父亲"形象。正如弗洛姆所言：

> 一个成熟的人最终能达到他既是自己的母亲，又是自己的父亲的高度。他发展了一个母亲的良知，又发展了一个父亲的良知。

一个成熟的人，会把"母亲"的良知建筑在自己爱的能力上，把"父亲"的良知建筑在理智和判断力上。鲁迅先生在妇女解放上的思想高度，使他整合了男女两性的精神向度，既有"母亲"般广博深厚的爱，更有"父亲"般公正无私的理智。鲁迅先生对青年的鼓励与指导，代表的是社会的良知和正义。

人际关系往往投射着原生家庭的阴影，也呈现了人在社会中的苦苦挣脱的绳索和奋力泅渡的彼岸。如果说，萧红逃向的世界是一个新的价值坐标系，那么，萧军与鲁迅在精神上的不同向度，是萧红心中父亲与祖父形象的交叉与博弈。萧军是横轴，代表了生活的广度；而鲁迅则是

纵轴，代表着思想的高度。萧军是她的"引路人"，而鲁迅则是她的"启明星"。鲁迅在文学和思想上的巨大成就，也成为萧红毕生着力企及的高度。

在这个意义上，萧红的人生经历，就是一部时代变革的教科书。遇见萧军，是萧红与之携手跟跟跄跄奔跑的一个开端，她由此摆脱了娜拉出走后堕落泥坑的噩梦；而遇见鲁迅，则成为萧红在文学上的"黄金时代"，她从此乘风飞到了一片自由的天空。

卷四
两性关系篇

（九）隔岸蒹葭
——从《礼记》的规范看二萧关系

> 你美丽的栽花的姑娘
>
> 弄得两手污泥不嫌脏吗
>
> 任凭你怎样的栽
>
> 也怕栽不出一株相思的树来
>
> ——萧红《栽花姑娘》

五四是个叛逆的时代，在中西方文化交流的冲击下，几千年形成的封建礼教思想，与西方人性解放的思潮形成了激烈的碰撞。然而，传统思想在人们的心灵深处，投下的是如影随形的集体潜意识，摆脱因袭的重负，其实并不是一件容易的事。追溯男权社会的源头，始于西周灭商后的"周公制礼"。《礼记·郊特牲》里规定：

> 妇人，从人者也，幼从父兄，嫁从夫，夫死从子。

当男性成为权位分配和继承的主体后，妇女就从社会活动退回家庭服务中。相对于男性外部空间的无限开放性，妇女的内部空间是有限而

封闭的，这种区分无疑抑制了女性群体的发展潜力。

男女"内外有别"的封建习俗，和要求女子无条件驯从的传统意识，根深蒂固地影响着千百年来中国人的思维习惯，形成男尊女卑的性别心理。社会整体上成就的是男性，"天命不可逃，夫命不可违"，男性是这个社会中的主动者和胜利者，而女性则等同于被动者和失败者。周作人在《人的文学》中，曾经鞭辟入里地批判中国传统的性别意识：

> 古来女人的位置，不过是男子的器具与奴隶。

汉代班昭在《女诫》中认为，"妇德不必才明绝异"，也就是女性不必具备特异才能，以便她们自然地视丈夫为"天"。东汉大儒郑玄提倡的"贞顺"，成为妇德的核心。"贞"，即对丈夫忠贞不二，"顺"，即对丈夫"婉娩听从"。"无违夫子"，成为古代女性最基本的修养；"相夫教子"，就是她们最重要的职责；"从一而终"，则是对女性贞操最本质的要求。

封建时代作为休妻依据的"七出之条"，其中"不事舅姑、无子、恶疾"，明显是女性失去了家庭的工具价值；而"口舌、盗窃"等构成的过失，是与丈夫有意见分歧，擅自处理家庭财产，不符合忠诚的奴隶要求；"淫佚、妒忌"这两点更自相矛盾，丈夫三妻四妾还可以要求妻子不妒，而妻子有了外心就被贴上"淫佚"标签。封建社会将"七出"作为对女性普遍性的惩罚，却没有对男性的对等规范，可见女性的弱势地位和边缘处境。

萧红是一个异数，她一开始从封建家庭出逃的行为，就注定了她对抗的是整个社会习俗。她人生的悲剧性，犹如唐·吉诃德大战风车，是源于超越了现实的精神诉求。她对女性的弱势处境有着深刻的同情和悲悯，同时还有着强烈的自我审视和自我批判：

> 女性的天空是低的，羽翼是稀薄的，而身边的累赘又是笨

重的！女性有着过多的自我牺牲精神。这不是勇敢，倒是怯懦，是在长期的无助的牺牲状态中养成的自甘牺牲的惰性。

她是一个女性意识强烈的写作者，从第一篇发表的文章《王阿嫂之死》，到最后一篇回忆性小说《小城三月》，一直关注着女性的不幸命运。在《呼兰河传》中，萧红也有一段对"男神"和"女神"妙趣横生的解读，影射了现实生活中男性与女性的不同地位：

> 娘娘庙是在北大街上，娘娘庙和老爷庙离不了好远。那些烧香的人，虽然说是求子求孙，是先应该向娘娘庙来烧香的，但是人们都以为阴间也是一样的重男轻女，所以不敢倒反天干，所以都是先到老爷庙去，打过钟，磕过头，好像跪到那先报个到似的，而后才上娘娘庙去。

神的世界，与人世也没有什么差别。男神的塑像威风凛凛、气宇非凡，女神的塑像则慈眉善目、温顺可亲。萧红深受鲁迅的影响，在"疗救国民灵魂"的文化启蒙思想上，提出了自己的创作理念："作家的写作的出发点，是对着人类的愚昧。"因而，她依据独特的性别体验，对东北黑土地上人们的生存状态，进行了细致入微的观察，更以超越年龄的智慧，开始了对男权社会的深度思考：

> 塑泥像的是男人，他把女人塑得很温顺，似乎对女人很尊敬。他把男人塑得很凶猛，似乎男性很不好，其实不对的……塑泥像的人为什么把他塑成那个样子呢？那是让你一见生畏，不但磕头，而且要心服。就是磕完了头站起来再看看，也绝不后悔，不会后悔这头是向一个平庸无奇的人白白的磕了。至于塑像的人塑起女子来为什么要那么温顺，那就告诉人，温顺的

就是老实的，老实的就是好欺侮的，告诉人们快来欺侮她们吧。……所以男人打老婆的时候说"娘娘还得怕老爷打呢？何况你一个长舌妇！"

人格的不平等，是封建意识下女性悲剧的根本原因。鲁迅在《关于女人》中写道："男人是私有主的时候，女人自身也不过是男人的所有品。"这种男尊女卑的意识，禁锢了多少代的女性，使她们在男性强权造就的苦难中沉沦。萧红在对神像的议论中，继续发挥着她尖锐的讽刺锋芒：

> 可见男人打女人是天理应该，神鬼齐一。怪不得那娘娘庙里的娘娘特别温顺，原来是常常挨打的缘故。可见温顺也不是什么优良的天性，而是被打的结果，甚或是招打的理由。

在萧红的笔下，"丈夫"是一个被解构的意象，没有一个"丈夫"能够担当得起女性对他的敬重和爱恋。在《生死场》中，金枝被浪漫的歌声叩开了少女的心扉，等待她的却是没有尊重和爱的婚姻。成业不管她和孩子的死活，只把她当做性和生育的工具，残酷的现实打消了她的所有幻梦。后来，金枝为了躲避日本军而流落城市街头，成为一个缝衣女，她亲身体会到的屈辱，始终是男性对她的暴行："我恨中国人呢，除外我什么也不恨。"这种由自私的男性霸权引起的女性悲剧，在萧红心目中，其意义甚至超过了当时流行的以抗日为主题的宏大文学话语。

然而，在萧红的成名作《生死场》中，王婆却是个特殊的形象。这个名字没有女性的柔婉，也难以令人产生青春美貌的联想，似乎一开始就是以无性别特征的"第三性"出场的。王婆前后经历了三个丈夫，对家庭的颠覆性也最强。她性情刚烈，敢于反抗，由于不能忍受无理的拳打脚踢，毅然带着孩子离开第一个丈夫。王婆的第二任丈夫死于疾病，孩子长大回到第一个家庭后，她选择再次嫁到赵三的家中，并且生了儿子平儿。王婆三次嫁人，并没有成为她羞于启齿的经历，反而成为她聚集众人时的谈资——"女人们探问王婆旧日的生活，她们为王婆感动"。

萧红称王婆是"经验过多样人生的老太婆"，把这样一位不遵守传统妇道的女性，塑造成了受全村妇女敬重的无冕领袖。王婆从一个男性暴力权威的家庭出走，既是对传统"夫权"的反抗，也是对两性不平等关系的逃离。相比于像小鼠一样胆小谄媚的福发老婆，像狗熊一样惊慌懦弱的二里半老婆，以及被丈夫凄惨地遗弃在病床上的月英，她是萧红笔下唯一敢和丈夫分庭抗礼的女性角色。

王婆和赵三的夫妻关系，呈现出一种两性的相对平等。在暴风雨中，王婆责怪丈夫没有及时帮忙收麦子时骂道："快些，没有用的，睡觉睡昏啦！你是摸不到门啦！""该死的，麦子今天就应该打完，你进城就不见回来，麦子算是可惜啦！"在赵三在参与抗租团体"镰刀会"的时候，王婆不仅鼓励他"能下手便下手"，还找来一支老洋炮亲自示范。"赵三对于他的女人慢慢可以感到可以敬重"，"无从想象自己的老婆有这样的胆量"！

在关键时刻，王婆以自己的胆识赢得了丈夫的尊重。在赵三放弃反抗地主之后，他的地位在她面前低了下去。王婆甚至对他充满了鄙夷：

> 他说话时不像从前那样英气了！脸是有点带著忏悔的意味，羞惭和不安了。王婆坐在一边，听了这话她后脑上的小发卷也像生著气："我没见过这样的汉子，起初看来还像一块铁，后来越看越是一堆泥了！"

> （《生死场》）

在萧红描写的众多家庭中，女性总是依附和畏惧男性，对"丈夫"言听计从，却饱受虐待与侮辱，然而王婆却是一个充满生命力的形象，连服毒自杀也没能夺去她的性命，最终还是顽强地活了过来。在抗日斗争的策划中，她表现出精干的能力、超众的见识和惊人的智慧。王婆这

一叛逆的女性形象，隐含了萧红对封建道德和家庭观念的颠覆理念。

1936 年，对于萧红是一个悲欣交集的年头。《生死场》和《八月的乡村》的出版，使她与萧军在上海滩声誉鹊起。这个 25 岁的年轻女性，正处于写作的黄金成长期，1936 年 5 月 3 日，鲁迅在寓所接受美国记者埃德加·斯诺的访谈，在回答"包括诗人和戏剧作家在内，最优秀的左翼作家有哪些"的问题时，列举了包括自己，还有茅盾、叶紫、艾芜、沙汀等男性作家，在表达对丁玲"转向"的失望之后认为：

> 田军的妻子萧红，是当今中国最有前途的女作家，很可能成丁玲的后继者，而且，她接替丁玲的时间，要比丁玲接替冰心的时间早得多。

鲁迅对萧红的高度评价，是文坛领袖对新晋作家的奖掖和预期，也是将萧红作为能够标志一个时代创作水准的女作家看待。在鲁迅斗士般的一生中，萧红是唯一受到他垂青和推荐的女作家，可谓适逢其时，也是她一生不幸中的大幸运吧。

萧红对鲁迅先生的感情是亲切而深厚的，在《回忆鲁迅先生》里，显而易见，她在这一时期看到的，不是"横眉冷对千夫指"的无畏战士，而是"俯首甘为孺子牛"的人间鲁迅，一个爽朗平易、关爱他人、充满智慧和幽默的形象：

> 鲁迅先生的笑声是明朗的，是从心里的欢喜。若有人说了什么可笑的话，鲁迅先生笑得连烟卷都拿不住了，常常是笑得咳嗽起来。
>
> 鲁迅先生走路很轻捷，尤其他人记得清楚的，是他刚抓起帽子来往头上一扣，同时左腿就伸出去了，仿佛不顾一切地走去。

鲁迅先生说自己不太注意别人的衣裳，"谁穿什么衣裳我看不见得"，然而对萧红显然是例外，他指导年轻的萧红穿衣裳：

> ……人瘦不要穿黑衣裳，人胖不要穿白衣裳；脚长的女人一定要穿黑鞋子，脚短就一定要穿白鞋子；方格子的衣裳胖人不能穿，但比横格子的还好；横格子的胖人穿上，就把胖子更往两边裂着，更横宽了，胖子要穿竖条子的，竖的把人显得长，横的把人显的宽……

当规矩而又调皮的萧红，在许广平的打扮下，选了一条俗艳的桃红绸带在头上比画，准备去参加宴会，鲁迅甚而对许广平沉下脸来："不要那样装饰她……"鲁迅对萧红审美情趣的培养，是基于女儿般的亲情，否则以他的身份地位，必然不会在外人面前，随意批评她的穿着。这也是鲁迅先生对于新女性的期许，也许在他看来，这个命运多舛的女作家，就应该努力做到美丽与智慧兼具吧。

1936 年前半年，萧红经由鲁迅的介绍，扩大了交游的范围，认识了茅盾、史沫特莱以及其他数十位年轻的作家、编辑、出版家等等，在当时的文坛，已颇有名气。然而，萧红的生活却陷入了情感的泥沼，与萧军之间爱情关系的恶化，使她由成功的巅峰迅速跌进了失望的深渊。许广平在《追忆萧红》一文中回忆道：

> 当然不能否认，萧红先生文章上表现相当英武，而实际多少还赋予女性的柔和，所以处理一个问题时，也许感情胜过理智。有一个时期，烦闷、失望、哀愁笼罩了她整个的生命力，然而她还能振作一时，替刘军先生整理、抄写文稿。

萧红与鲁迅家住得近，孤独难过的时候就去找许广平谈话。1936 年

夏天许广平陪萧红在客厅聊了大半天后，上楼才发现忘了给午睡中的鲁迅先生关窗户，结果鲁迅先生因此受凉，又病了一场。许广平感慨道："从这里看到一个人生活的失调，直接马上会影响到周围朋友的生活也失了步骤，社会上的人就是如此关连着的。"这种情感折磨，对于敏感的女性尤其可怕。胡风的夫人梅志在鲁迅家里看见萧红时，一眼就发现，萧红"形容憔悴，脸都拉长了，颜色也苍白得发青"。

1936 年，对于 29 岁的萧军，是一个纷乱的年头。萧军是一个相当自恋的人，对自己充满了男性的自信。善武术、好京戏、能旧诗的多方面才华，急人所难、抱打不平的正义感，豪放乐观、天不怕地不怕的性格，使萧军具有受人欢迎的人格魅力。作为鲁迅的弟子、当红的左翼作家，在名声上，他也完全拥有了吸引年轻女性的资本。萧军曾经在 1937 年 5 月 15 的日记里写道：

> 我有真挚的深厚的诗人的热情，这使我欢喜，也是我苦痛的根源。晨间在镜子，看到自己的面容，很美丽，更是那两条迷人的唇……清澈的眼睛，不染半点俗气，那时我的心胸也正澄清。

不少文艺女青年围绕着萧军，情感和身体上的出轨，已是他获得社会认定的男权地位后的常态。在流离困顿的生涯中，萧红这个有才华的弱女子，像小女孩一样崇拜他，当他是救赎自己的英雄，满足了他的自尊和价值感。他在她眼里，看见了那个光芒四射的自己。懂得比爱情还重要，在文学的道路上，彼此心灵的共鸣与呼应，消除了他们在人世艰难跋涉的孤独感。

而当他们取得成功后，两人相处的模式发生了变化。萧军不能容忍萧红在文学追求上心比天高，她的心仿佛风筝一样飞在天上，甚至志在超越大师，想写出比鲁迅还长的小说来。他对萧红脆弱而敏感的个性很不满，认为她"是一个不能创造自己生活环境的人，而自尊心很强，这样人将要痛苦一生"。他需要的是一个无限服从的妻子，是一个忍受不平等关系的奴隶，是一个家务劳役的工具，以便他在功成名就后潇洒地生活。

好的爱情，意味着互相成就，而不是单方面成就自己。然而如今，萧军要求萧红的，就是古代女性"不妒"的美德，好让他在不断猎获那些异性崇拜者的过程中，满足成功人士的自豪感。但萧红是不肯放弃自我的，她在情爱上要求专一，她在人格上要求平等，不能忍受不忠和背叛。如果她是一个庸常的女性，就不会是"萧红"，更不会在当初就叛逃了原本平静安逸的人生。

萧军一次又一次的出轨，完全破坏了萧红对他的尊重与信任。在她的眼里，英雄的形象垮塌了，吵架成为家常便饭，身强力壮的萧军甚至对她拳脚相加。背叛和疏离，使她的心浸在毒汁里。这一时期的组诗《苦杯》，描绘了她在这段关系中的心境，江河般绵延无尽的痛苦，尽情地流泻在诗句中：

带着颜色的情诗，

一只一只是写给她的，

像三年前他写给我的一样。

也许人人都是一样！

也许情诗再过三年

他又写给另外一个姑娘！

——《苦杯》（其一）

昨夜他又写了一只诗，

我也写了一只诗，

他是写给他新的情人的，

我是写给我悲哀的心的。

——《苦杯》（其二）

已经不爱我了吧！

尚与我日日争吵，

我的心潮破碎了，

他分明知道，

他又在我浸着毒一般痛苦的心上，

时时踢打。

　　　　　　　——《苦杯》（其四）

往日的爱人，

为我遮蔽暴风雨，

而今他变成暴风雨了，

让我怎样来抵抗？

敌人的攻击，

爱人的伤悼。

　　　　　　　——《苦杯》（其五）

他又去公园了，

我说：

"我也去吧！"

"你去做什么？"他自己走了。

他给他新的情人的诗说：

"有谁不爱个鸟儿似的的姑娘！"

"有谁忍拒绝少女红唇的苦！"

我不是少女，

我没有红唇了，

我穿的是从厨房带来的油污的衣裳。

为生活而流浪，

我更没有少女美的心肠。

他独自走了，

他独自去享受黄昏时公园里美丽的时光。

我在家里等待着，

等待明朝再去煮米熬汤。

——《苦杯》（其六）

说什么爱情！

说什么受难者共同走尽患难的路程！

都成了昨夜的梦，

昨夜的明灯。

——《苦杯》（其十一）

　　萧红以源于生命体验的女性意识，抨击以男权为中心的文化，追求女性独立的人格和尊严。她曾经说过：

　　我一生最大的痛苦与不幸，都是因为我是一个女人。

　　萧红怀着人道主义的悲悯情怀，关注着东北黑土地上女性所遭受的非人待遇，对于造成女性悲剧的封建文化也看得很透彻。而她自己求学、抗婚及到社会上寻求独立的挣扎经历，更是一部令人深思的女性反抗传统文化、追求个人价值的教科书。

　　作为一位女性，萧红一直憧憬和追求着温暖和爱，却一直都没能走出男权意识的阴影。"蒹葭苍苍，白露为霜。所谓伊人，在水一方"，眺望隔岸的苍苍蒹葭，男人与女人，是多么遥远的距离！

（十）一蓑烟雨

——从《动机与人格》看二萧分歧

月圆的时候，

可以看到；

月弯的时候，

也可以看到；

但人的灵魂的偏缺，

却永也看不到。

——萧红《沙粒》

　　人与人之间的际遇，是上天的安排，也许在回眸之间，便会有动心的邂逅。对外表容颜的欣赏、对内在才华的倾慕，是古往今来男女吸引对方的理由。然而，相爱容易相处难，"相知相惜、互相信赖的深层关系"，是建立在成熟而完善的人格基础上的。心理学家马斯洛在《动机与人格》中认为：

　　真正的爱是内在创造力的表现，包括关怀、尊重、责任心和了解诸因素。

　　爱情是人类最强烈的情感，这种直抵人心的诱惑力，甚至超过了血缘关系的稳定性，能够冲破人与人之间陌生的高墙，使人克服脱离父母之后的孤独感，同时缓解独自面对世界的恐惧感。然而，爱情并不保障天长地久的厮守，更不意味着从此王子与公主就过上了幸福的生活。与短暂而狂热的激情不同的是，成熟的爱情，意味着在完善自我人格的前提下，培养与异性长期和谐共处的能力。

　　马斯洛认为，爱是一种积极的情感，发展自己爱的能力，像对自己负责一样对他人负责，才能实现被爱人的幸福。自爱才能爱人，只有培养健全的人格，才能保持自己的独立性和完整性，淡定地面对聚散离合之间的喜怒哀乐，寻找爱情之外更厚重的人生价值，确立作为个体的生命意义。想要获得"稳固的深情"，需要了解和关怀他人的能力，更需要尊重和责任心，来经营一份健康而持久的感情，抵御可能面临的其他诱惑。

　　从童年时期父母与子女的关系，到成年后亲密的两性关系，爱的能力体现在所有爱的形式中，具体的要素就是"关心、责任心、尊重和了解"。在无条件的母爱中，"关心"这一要素表现得尤为突出。如果一个母亲在养育的过程中，不了解婴幼儿吃喝拉撒睡的各种生理需求，忽略孩子对于亲密关系和安全感的需要，那么孩子长大以后，就难以培养起对母亲的爱。在母子关系中，母亲的责任心，体现为对孩子的照拂和关心，而在成人之间，则更多地体现为关心对方的精神需要。

　　爱是一种潜移默化的熏陶，在孩提时代受到父母关爱的人，往往更容易健康地发展爱的能力。童年的阴影，对成年后的婚恋又有怎样的影响呢？以萧军为例，人格发展的缺陷就显而易见。他的母亲顾氏是名门闺秀，在家境败落后，下嫁刘清廉作续弦。然而平民百姓的生活，并不一定意味着宁静与安乐。萧军的父亲是个性格暴躁的东北大男人，在萧军七个月大的时候，与妻子发生激烈争执，之后理所当然是一顿蛮不讲理的拳打脚踢，性格刚烈的顾氏无法忍受，绝望地吞服了鸦片，又把鸦

片膏抹进儿子的嘴里，打算带着孩子一起离开这个没有爱的家庭。

萧军是个命大的孩子，五姑回娘家时恰好发现了他们。当时嫂子已经没了呼吸，而幼小的侄儿正在哇哇大哭，将苦涩的鸦片膏吐得满嘴乌黑。她赶快给这个可怜的孩子灌了大粪，才终于抢救过来。失去母亲的萧军，是姑姑带着他"赶奶"（走家串户讨要百家奶）长大的，自小颠沛流离的经历，使他缺乏一个稳定的情感支撑。祖母、姑姑、异母姐姐对他的关爱，毕竟是有限的，远远不能弥补萧军失落的母爱，在孤独寂寞中，对母亲的怀念，又化作了对父亲的刻骨仇恨。

没妈的孩子是根草，缺乏母性的温暖和关爱，加上父亲的冷淡、嘲讽和暴虐，萧军从小就养成了叛逆的个性。他逃学时曾经被父亲用木棍打得胳膊脱了臼，然而在外打架时从不向欺负他的大孩子示弱，是村里出了名的"打架不顾命"的野孩子。粗犷野蛮的乡村生活，养成了萧军以武力称霸的性格特质，正如他自己所说：

> 我是个性格暴烈的人……对于任何外来的、敢于侵害我的尊严的人或事常常是寸步不让，要以死相拼的；但对弱者，我是容忍的。甚至容忍到使自己流出眼泪，用残害虐待自己的肢体来平息要爆发的激怒……这痛苦，只有自己知道。

童年的经验是潜意识的影响，萧军虽然仇恨暴虐者，恃强而不愿凌弱，但也意味着与人相处的模式，便是永远的"强者"姿态，缺乏平等与尊重。如同成人会忘记自己曾经是儿童一样，萧军在反抗父亲的暴力中长大，但在他拥有"父亲"的统治地位之后，也变成了他自己曾经嫌恶的人，无意识地施暴于他人，成为新一代的暴君。

萧军自小练习武术，背插单刀走江湖、扶弱抑强逞豪气，就是他的人生理想。这样的人，注定是一个闯荡四方的乱世英豪，而不是一个甘于平淡的家庭支柱。萧军的家庭责任感之淡漠，可以从他的第一次婚姻看出。

作为刘家长孙，萧军十四岁时就订了婚，1922年，十六岁的萧军从长春回老家与许淑凡结婚。婚后萧军在吉林当兵，不久将妻子接到沈阳。"九一八"事变后，他们逃到哈尔滨，由于萧军积极参加抗日活动，许淑凡担心丈夫安全，两人多次发生争执，后来萧军决定将怀孕在身的妻子遣送回老家。孤身一人的许淑凡，因长途颠簸而早产，生下的一个男孩不久因病夭折，而他们此前的两个女儿也都因贫病而死。许淑凡回刘家后，过着缺吃少穿的贫寒生活，而萧军此时已经和萧红恋爱同居。萧军到上海后，写信劝她改嫁，许淑凡才在孤单生活七年后，嫁给了同村的一个男子。

"爱便爱，不爱便丢开"，萧军这种爱的哲学，对于当时没有经济保障的女性，无疑是灭顶之灾，然而对于知识女性，又是怎样的后果呢？一开始认识的时候，萧军就以保护者的姿态，体现着他的侠义风范，而在家庭生活中，萧红几乎没有工作的机会，是靠萧军做家庭教师养活的。二萧初期的爱情生活，无疑是幸福的，萧军对萧红的爱护，使她在当时的每一张照片上，都散发出小鸟依人般的娇柔韵味。正如萧军所说：

> 由于我象对于一个孩子似的对她"保护"惯了，而我也很习惯于以一个"保护者"自居，这使我感到光荣和骄傲！

正直仗义的萧军，在水深火热中拯救了萧红，然而在柴米油盐的日常生活中，两人的性格矛盾日益浮出水面，粗犷豪爽的萧军无法理解萧红的细腻敏感。他无疑是爱萧红的，"她单纯，淳厚，倔强有才能"，但对于萧红的敏感和小性子，缺乏足够的理解和包容：

> 我并不喜欢她那样多愁善感，心高气傲，孤芳自赏，力薄体弱……的人，我爱的是史湘云或尤三姐那样的人，不爱林黛玉、妙玉或是薛宝钗……
>
> 我爱她，但她不是妻子，尤其不是我的。

萧军需要的妻子究竟是怎样的呢？也许可以从他的第三任妻子王德芬那里找到答案。在《萧军日记》里，1940 年 10 月 7 日，萧军与王德芬因为看戏而发生冲突后，反思自己对待女性的态度：

> 我的咄咄逼人的态度，命令的声调，这是一个人不能忍受的，可是芬她能忍受，这使我更不能离开她，更深地爱着她。这似乎近于感恩。我又记起红说过："一个男人爱女人，无非让她变成一个奴隶，这样他就更爱她了。"确的，不有奴隶忍受性的女人，是不容易得到爱了。

萧军粗暴的态度，是小他十二岁的王德芬所不敢反抗的，萧军嫌她文化水平不高、头脑简单，讨厌她哀怨流泪。离家千里、举目无亲的王德芬只能依靠他，一次次写信祈求同情和原谅：

> 希望你别和我认真吧！那会苦坏了你！家是不可爱的，晚点回来也好，只希望你在外面能快活！你不要多疑我对你有什么不满，那都是多余的想法。

由这个可怜妻子的话语里可见，二萧背离的悲剧根源，在于萧军本质上对女性缺乏基本的尊重。萧军与王德芬白头偕老的婚姻，其中渗透了妻子多少隐忍的眼泪！

家庭责任心的淡漠，导致萧军一次次出轨追欢。1951 年，与王德芬已有五个子女的萧军，挈妇将雏在北京张公度家租房，44 岁的他爱上了张家 25 岁的女儿张大学，在他的狂热追求下，最后生下私生女张萧鹰，导致张公度气得要将他告上法庭。由于王德芬坚决不肯离婚，张大学远走他乡。他们的女儿寄养在别人家，后来改名鲍旭东，终生没有喊过萧军一声"爸爸"。

萧红毕竟不是王德芬，她是个脆弱而倔强的女性，正是因为觉醒的自尊，她拒绝成为萧军的"奴隶"，所以注定了她得不到他那"近于感恩"的爱。正如萧军所说：

> 我的主导思想是"恃强"；她的主导思想是"自尊"。

萧军的冷硬和霸道，让萧红难以接受，曾在吵架时骂他是"具有'强盗'一般灵魂的人"，萧军因此倍感委屈："如果我没有类于这样的灵魂，恐怕她是不会得救的！"萧军大男子主义的东北汉子性格，的确是一把双刃剑。他既是一个热烈而浪漫的情人，又是一个粗暴而不负责任的丈夫，正如他自己在阅读《安娜卡列尼娜》后，比照渥伦斯基形象而产生的自我反省：

> （我）不适于做一个丈夫，却应该永久做个情人。

萧红的自尊，是不能为萧军理解和接受的，作为一个知识女性，她不能忍受人格的屈辱。萧军在同居期间的一次次情感出轨，让萧红倍感痛苦。在争吵中，萧红再次感受到了儿童时期的阴影和身为女人的无助，她在《苦杯》组诗中写道：

> 我幼时有个暴虐的父亲，
> 他和我的父亲一样了！
> 父亲是我的敌人，
> 而他不是，
> 我又怎样来对待他呢？
> 他说他是我同一战线上的伙伴。
>
> ——（《苦杯》其七）

我没有家，

我连家乡都没有，

更失去朋友，

只有一个他，

而今他又对我取着这般态度。

—— （《苦杯》其八）

近来时时想哭了，

但没有一个适当的地方：

坐在床上哭，怕是他看到；

跑到厨房里去哭，

怕是邻居看到；

在街头哭，

那些陌生的人更会哗笑。

人间对我都是无情了。

—— （《苦杯》其十）

  萧红感到，成名之后的萧军，拥有了社会的话语权后，就变成了家庭的暴君，与父亲毫无二致，而自己又成为了父权下的一个可怜孩子，没有尊严、温暖和爱。随着在上海滩的一炮而红，萧军在外的应酬越来越多，两人的交流越来越少。萧军的世界已经是"天高任鸟飞，海阔凭鱼跃"，而萧红的世界依旧是家庭主妇的一日三餐，仍然依赖着萧军恩赐般的和颜悦色。但她失望了，从相濡以沫到相对无言的情感落差，使她的整个生命力被无边的哀怨和郁闷所笼罩。

  1936 年 7 月，痛苦不堪的萧红，终于在萧军朋友黄源的建议下，准备远渡日本。因为日本环境幽静，生活费用比上海贵不了多少，既可以休养身心，也可以专心读书写作，同时还可以学习日文。黄源的夫人许粤华也在日本学习日语翻译，而萧红的胞弟张秀珂，恰好也在日本留学，有了亲人和朋友的照应，也不会感到寂寞。经过反复商量，二萧最终决定，萧红去日本，萧军去青岛，一年后再来上海相聚。

这是萧红在离开家庭后，又一次为了逃避男权的伤害而出走。男性的出轨，是被当时的社会所默许的，也意味着女性必需的容忍。但是萧红不能，她既试图用距离的美感挽救濒临破灭的爱情，也渴望努力重塑自我的独立人格。当然，此时萧红的经济状况已经大为好转，《八月的乡村》和《生死场》在书店的销售情况很好，二人共结算了一笔大约 300 元的书款，成为萧红的出国经费。

1936 年 7 月 15 日，病中的鲁迅听说萧红要东渡扶桑，在家里设宴为萧红饯行。饭后，鲁迅还支撑着病重的身子，坐在藤椅上叮嘱萧红说：

> 每到日本码头，就会有当地的日本检疫人员上船来查验是否有病，这时不要怕，而中国人专会吓唬中国人，跟随的茶房往往会大惊小怪地乱喊，不必理会。

第二天，萧红、萧军和黄源在一起好好吃了一顿。饭后，三人到照相馆拍了一张合影。萧红一头新烫的蓬松卷发，穿一件格子布的旗袍，显得洋气大方，一改以往与萧军合照中的稚气。萧军在其背后题上：

> 悄于一九三六年七月十七日赴日，此像摄于十六日宴罢归家时。

形象可以改变，距离也可以拉远，然而，爱情却是难以忘记。1936 年 7 月 17 日，萧红乘船赴日，一踏上航向日本的渡轮，萧红就开始给萧军写信，以女性的细腻，倾诉生活中大大小小的事情。在蛰居东京的日子里，萧红写下《孤独的日子》。一阵风吹落的树叶，甚至是木屐敲打地

面的声音，都会让她寂寞到不行，加倍地思念故国、思念爱人。她依然爱着萧军，哪怕他已经飞得越来越远，不再回到她的手心：

> 你是很健康的了，多么黑！好像个体育棒子。不然也像一匹小马！你健壮我是第一高兴的。

他们依然是浪漫的情人，互相昵称"小鹅""小东西"，他曾经是她最安全的港湾，也是她在人世上最温暖的牵挂啊。萧红在远离萧军的异国他乡，却仿佛回到了恋爱时光：

> 你总是用那样使我有点感动的称呼叫着我。……稿子既已交出，这两天没有事做，所以做了一张小手帕，送给你吧！
> 我给你的书签谢也不谢，真可恶！以后什么也不给你。
> 小东西，你还认得那是你裤子上剩下来的绸子？坏得很，跟外国孩子去骂嘴！……因为下雨所以你想我了，我也有些想你呢！

她像一个啰唆的母亲，嘱咐他"买一点水果带着，不要吃鸡子，饼干是可以带的"。她像一个天真的女孩，向他报告种种琐碎：走过的路，吃过的饭，看过的书，遇见的人，写过的字，还有她正在忍受的头痛、胃痛等身体折磨。但萧红就是萧红，她总是在抱怨和倾诉后申明自己的决定：

> 但我不是迟疑，我不回去的，既然来了，并且来的时候是打算住到一年，现在还是照着做，学校开学，我就要上学的。
> 我对于绘画总是很有趣味，我想将来我一定要在那上面用功夫的。我有一个到法国去研究画的欲望，听人说，一个月只

要 100 元。在这个地方也要 50 元的。况且在法国可以随时找点工作。

在远离爱人的地方，还有画家的理想在召唤着她，更有写作的信念在支撑着她，"我把写作放在第一位始终是对的"。这样倔强而自尊的女性，谁说她就是一个依赖男子才能生活的人呢？她在给萧军的信里写道：

> 窗上洒满着白月的当儿，我愿意关了灯，坐下来沉默一些时候，就在这沉默中，忽然像有警钟似的来到我的心上："这不就是我的黄金时代吗？此刻。"于是我摸着桌布，回身摸着藤椅的边沿，而后把手举到面前，模模糊糊的，但确认定这是自己的手，而后再看到那单细的窗棂上去。是的，自己就在日本。自由和舒适。平静和安闲，经济一点也不压迫，这真是黄金时代，是在笼子过的。

在孤独和寂寞中，萧红以写作为宗教般的信念，度过了她在日本近一年的岁月，也一个人艰难地渡过了爱情的苦海。一蓑烟雨任平生，人的际遇不由自主，爱情的梦幻会破灭，然而道路始终在自己的脚下。在婚姻和爱情的道路上，萧红与萧军终于在空间的阻隔和心理的分歧上渐行渐远，彼此成为越来越陌生的路人。

（十一）竹杖芒鞋

——从罗洛·梅定义看二萧冲突

还没有走上沙漠，

就忍受着沙漠之渴，

那么，

既走上了沙漠，

又将怎样！

——萧红《沙粒》

没有毫无理由的爱，也没有毫无理由的恨，情侣之间的聚散，也许和生活的选择有关，但爱情所带来的欢悦和幸福，仍然是生命给予的最美馈赠。美国存在主义心理学家罗洛·梅对"爱情"所下的定义是：

与对方共处的喜悦，以及对自己与对方的价值和发展的确认。因此，爱总具有两大要素——对方的价值与美德以及自己在与对方的关系中所得到的欢悦和幸福。

有多少平凡的夫妻，一生携手过着平平淡淡的和谐生活，因为他们的一生，没有明星面临的那么多诱惑。在文学记录中，《浮生六记》中的芸娘和沈复，从少年时代起培养的深厚感情，在婚姻中志趣相投的艺术化生活，使他们终身保持着相爱的脉脉温情和相守的盈盈喜悦，这也许更接近于爱情的本质。

爱情，是漫漫长夜里的皎洁月光，安抚我们尘世奔波的心灵；爱情，是沧海横流中的诺亚方舟，扬起生活希望的风帆。美国心理学家弗洛姆，也有着对爱情的独到论断：

> 爱情是这样一种自发性的重要的组成部分，我所说的并非那种将自己消溶于另一个人中去的爱情，而是那种自发肯定他人的爱情，那种在保存个人的基础之上，将个人与另一个人结合起来的爱情。

对他人的尊重和欣赏，是爱的必要前提，而健康的爱情，本质上是一种人与人之间相互关切与支持的情感联系。爱就是实事求是地正视对方，认识他独有的个性，努力地使对方成长和发展为他自己。在《自我实现的人》中，马斯洛通过对自我实现者的观察，证明了自己的观点：

> 尊重他人的人格，肯定他人的个性，是人际交往的重要原则。

1937 年 1 月间，萧红从日本东京返回上海，然而，此时的上海早已物是人非。她的精神导师鲁迅先生，于 1936 年 10 月逝世，在萧军带领下，萧红踩着枯叶衰草走进冬日的万国公墓。斯人已矣，音容宛在，萧红望着鲁迅先生那目光深邃、神色冷峻的半身像，心中却泛起多少沉痛与温情！挥泪祭扫归来，她写下《拜墓》一诗：

跟着别人的脚迹，

我走进了墓地，

又跟着别人的脚迹，

来到了你的墓边。

……

那一刻，

胸中的肺叶跳跃起来，

我哭着你，

不是哭你，

而是哭着正义。

你的死，

总觉得是带走了正义，

虽然正义并不能被人带走。

……

在萧红短暂的一生中，鲁迅先生无疑是最重要的"他人"。在一个女作家寥寥无几的时代，正是鲁迅以他的慧眼，发现了萧红"越轨"的才华和"明丽"的笔致，亲自为她题写了序言，并把这个命途多舛的女子推到了上海滩著名的评论家胡风、茅盾之前。他们对萧红作品的共同肯定，无疑使萧红成为现代文学史上最幸运的女子。这是庐隐、石评梅等同时代的女作家没有享受到的待遇。而同样希望得到鲁迅先生赏识的丁玲、沈从文，甚至吃到的是闭门羹，连端木蕻良也未曾见过鲁迅一面。萧红的《回忆鲁迅先生》，那么多与先生相处的生动细节，都是她此生温暖而幸福的回忆。这难得的提携之恩、关爱之诚，在当时的女作家中，是仅此一人啊。

鲁迅先生的死，为什么"带走了世间的正义"呢？也许，是因为萧红再也没有找到她所仰望的偶像，世间只剩下有缺点的男子了吧？但是鲁迅的文学追求和思想轨迹，依然是萧红精神世界里光辉的启明星，在这个充满黑暗和遗憾的世界中，引领着她继续坚忍地奋斗下去。鲁迅先生逝世后，萧红与许广平的感情，也仍然是深刻而真挚的，她们经常作伴聊天，许广平还给萧红找来了治疗妇科隐疾的药方，调理她的身体。二萧曾经与许广平、海婴和一些亲人朋友，一起到万国公墓祭奠先生。祭扫完毕，他们在墓前留下珍贵的合影。二萧与许广平及海婴，还单独在鲁迅先生墓碑前照了一张像。

作为鲁迅最亲近的私淑弟子，二萧在上海滩的名气越来越大。当时的左翼作家群中，他们已经俨然成为新的文坛领军人物。文学青年们把他们当作文坛大腕儿，有的报纸杂志还拉他们做台柱，开座谈会指导创作。从日本归来的萧红，以她更广阔的视角，受到人们的尊敬。在朋友们的眼里，此时的二萧，已经名利双收，簇拥着鲜花、回荡着掌声的爱情，是多么令人歆羡！然而这一切，不过是色彩鲜艳、虚无缥缈的肥皂泡，在生活的庭院中等待萧红的，是难看的一地鸡毛。因为两人分居期间，萧军又一次出轨，终于成为萧红最熟悉的陌生人——她诗中的"别人"！

俗话说，"朋友妻，不可欺"，然而这次萧军出轨的对象是他们共同友人黄源的妻子，也就是萧红在日本初期的闺蜜许粤华。也许是萧红太絮絮于怀念萧军的英豪和浪漫，也许是黄源忙于事业而疏忽了经营婚后的感情，也许是近水楼台先得月的便利，从日本回国后的许粤华，陷入了邻居萧军的情网，并因而珠胎暗结。这个消息，对于日夜想念着萧军的萧红而言，无疑是晴天霹雳。她在《感情的碎片》中写道：

> 近来觉得眼泪常常充满着眼睛，热的，它们常常会使我的眼圈发烧。然而它们一次也没有滚落下来。有时候它们站到了眼毛的尖端，闪耀着玻璃似的液体，每每在镜子里面看到。

萧军在一片哗声中照料流产后的许粤华，对萧红的痛苦感到很不耐烦，认为她的心胸过于狭隘，竟然由于吃醋的缘故，对他和许粤华的处境缺乏同情和理解。萧红毕竟是个敏感的年轻女子，爱人的变心带来的郁闷和伤怀，只有她自己最清楚有多痛。萧军在晚年为二萧的往来书信作注释时才幡然悔悟：

> 如果对于萧红我引为终身遗憾的话，应该就是这一次"无结果的恋爱"，这可能深深刺伤了她，以致引起她对我深深的、难于和解的愤恨！她是应该如此的。

二萧感情上的裂痕越来越大，两人的争吵愈来愈频繁。习武的萧军，习惯了骄傲地面对柔弱无助、小鸟依人般的伴侣，如今哪里能够忍受她的高傲冷漠、反唇相讥？情绪激动的时候，他忍不住对萧红也动了手。

作家靳以在《悼萧红》一文里，从朋友的角度，以男性的自省和对女性的同情，不无愤激地回忆了他所经历的二萧冲突后的见闻：

> ……从前那个叫做S的人，是不断地给她身体上的折磨，像那些没有知识的人一样，要捶打妻子的。有一次我记得，大家都看到萧红眼睛的青肿，她就掩饰地说："我自己不加小心，昨天跌伤了！"
>
> "什么跌伤的，别不要脸了！"这时坐在她一旁的S就得意地说："我昨天喝了酒，借点酒气我就打她一拳，就把她的眼睛打青了！"
>
> 他说着还挥着他那握紧的拳头做势，我们都不说话，觉得这耻辱该由我们男子分担的。幸好他并没有说出"女人原要打的，不打怎么可以呀"的话来，只是她的眼睛里立刻就蕴满盈盈的泪水了。

靳以文中的"S"，所指的就是萧军。白朗是萧红的知心姐妹，1942年 4 月 10 日写了《遥祭——纪念知友萧红》，痛惜地回顾了萧红在这段爱情关系中受到的伤害：

> 红是一个神经质的聪明人，她有着超人的才气，我尤其敬爱她那种既温柔又爽朗的性格，和那颗忠于事业忠于爱情的心；但我却不大喜欢她那太能忍让的"美德"，这也许正是她的弱点。红是很少把她的隐痛向我诉说的，慢慢地，我体验出来了；她的真挚的爱人的热情没有得到真挚的答报，相反的，正常常遭到无情的挫伤。她的温柔和忍让没有换来体贴和恩爱，在强暴者面前只显得无能和懦弱。

上海时期的萧红，不同于哈尔滨时期的悄吟，她已经得到鲁迅这样文坛大师的垂青，作品也得到茅盾、胡风等文学评论家的认可，更有欣赏她才华、崇拜她成就的读者群体。然而面对萧军与朋友们的高谈阔论和肆意嘲笑，本该对自己的文学才能充满信心的萧红，仍然难以忍受这样的无情打击。萧军的男性气魄，自然比萧红要强悍许多，中国人自古以来的习惯，也是男主外、女主内，女性在家庭中的附属地位，哪有那么容易改变呢？

不在沉默中蓄力爆发，就会在沉默中寂寞老去。萧红不仅仅有写作的才能，还有着画家的梦想，她怎么甘心完全放弃自我呢？有一天晚上，萧军与几个朋友饭后闲谈，萧红听见他们在谈论自己的文章。萧军说："她的散文有什么好呢？"马上有人附和："结构却也不坚实！"萧红是敏感的人，周围人对萧军的吹捧奉承和对自己的淡漠轻视，这种落差令她如芒刺在背，自尊心受到极大的打击。

早前，萧红就注意到报纸上有一家上海私立画院招生的广告。这回她受到严重刺激，决定远离这些文学圈子里的朋友，转向绘画艺术，去

卷四　两性关系篇

重新寻找一个属于自己的天地。经过电话询问，萧红得知这是一个犹太人办的画院，而且招收寄宿生。这真是大好消息，既可以躲开鄙视自己的人，又能够潜心学习萧军完全无法论断的绘画。于是，萧红再一次从男性统治的家里出走了。不过第三天，萧军的两个朋友找到画院，劝她回去，画院院长也拒绝了她继续学画的请求："你原来有丈夫呀！那么你丈夫不允许，我们是不收的。"萧红无可奈何，只好不情愿地回去了。

鲁迅说，"爱情必须时时更新、生长、创造"，然而他们的爱情花朵，缺乏尊重与理解的滋养，是一天天地趋于枯萎和凋零了。萧红起初隐忍地面对着萧军的屡次背叛，后来把爱情给自己带来的创伤，化成了蚌病成珠的《沙粒》组诗。她再次署名悄吟，在 1937 年 3 月 15 日的《文丛》上刊出了 34 首，把他们之间的不和谐公开化了。而一些内心难以示人的伤痛，则被萧红默默地藏在隐秘的地方（其中 4 首，直到 1980 年，鲁迅博物馆才将它们公布于世）。从无话不谈到如今的相顾无言，二萧的关系失去了爱情的温度。

1937 年 4 月 23 日，黑暗中呼啸北上的列车，又一次带走了萧红。她在难以忍耐的痛苦与煎熬中，再一次选择了逃离上海，去北京寻找友人，并尝试在异地继续创作。萧军在送走萧红后，心里对她充满了歉疚。没有了萧红洗衣做饭的忙碌身影，他顿时觉得屋子里空荡荡的，心里弥漫着无边无际的失落感，不禁涌起对往日温馨生活的依恋。关于这个翻来覆去、辗转无眠的夜晚，萧军在日记里写道：

> 她走了！送她回来，我看着那空旷的床，我要哭，但是没有泪，我知道，世界上只有她才是真正爱我的人。但是她走了！……

萧红独自行走在空旷的异乡，终于在北京找到了在女师大附中就读时期的好友李洁吾，又与获释出狱的舒群相遇。又一次的异乡漂泊中，虽然有友情的慰藉，无处安心的焦虑仍然伴随着萧红。在写给萧军的信中，她不可抑制地袒露出饱受情感伤痛的斑斑血痕：

> 我虽写信并不写什么痛苦字眼，说话也尽是欢乐的话语，但我的心就象被浸在毒汁里那么黑暗，浸得久了，或者我的心会被淹死的，我知道这是不对，我时时在批判着自己，但这是情感，我批判不了……
>
> 这几天我又恢复了夜里骇怕的毛病，并且在梦中常常生起死的那个观念。痛苦的人生啊！服毒的人生啊！我常常怀疑自己或者我怕是忍耐不住了吧？我的神经或者比丝线还细了吧？我是多么替自己避免着这种想头，但还有比正在经验着的还更真切的吗？我现在就经验着。……这回的心情还不比去日本的心情，什么能救了我呀！上帝！什么能救了我呀！我一定要用那只曾经把我建设起来的那只手把自己来打碎吗？

萧军这个骄傲而自负的男子，不曾为自己伤害萧红的出轨行为表达过歉意，只是鼓励萧红勇敢面对感情受创的痛苦：

> 我希望你不要"束手无策"，要做一个能操纵、解决、把捉自己一起的人！

在长期相濡以沫的生活中，二萧的感情早已是难以分割的左右手亲情，如今这种血肉分离的痛楚，是彼此都要承受的。然而萧红已经对他失去了信任与崇拜，对于萧军准备在她回来后视察其长篇创作成果的"命令"，也无心领教：

> 我的长篇并没有计画，但此时我并不过于自责。"为了恋

爱，而忘掉了人民，女人的性格啊！自私啊！"从前，我也这样想，可是现在我不了，因为我看见男子为了并不值得爱的女子，不但忘了人民，而且忘了性命。……

对萧红来说，疗伤的最好方式就是暂时忘记现实的一切，尽快进入到创作状态。这是她饱经沧桑后对生命的深沉热爱，更是对创作才华的自我珍重。1937年5月底，为了参加《鲁迅先生纪念集》的资料收集、整理工作，萧红离开北京回到上海。正如萧红自己所说的：

> 我一定应该工作的，工作起来，就一切充实了。

小别胜新婚，二萧在这一时期重温了一段蜜月，事业上他们又攀升到了新的高峰。萧红的第三部短篇小说集《牛车上》出版了，被列为巴金主编的《文学丛刊》第5集第5册。这是萧红继散文集《商市街》、《桥》之后的新成果，对童年往事的回忆，也弥补了萧红现实中情感上的失落。萧红在文坛上的影响越来越大，然而与萧军的隔阂越来越深，他们已经回不到从前了。

萧军的婚外情结束了，表面似乎已经抹平了裂痕，却无法拉近他们在精神层面渐行渐远的距离。随着萧红自主意识的不断增强，萧军的导师和保护者的光环日益褪色，两人因为文学观点的差异时常发生争执。萧军也对两人关系的改变感到不满和失望：

> 我和吟的爱情如今是建筑在工作关系上了。她是秀明的，而不是伟大的，无论人或文。

萧军认为，萧红的胸怀不够开阔，太过于斤斤计较，对他不肯谅解，所以如今只能是"文学上的伙伴和战友"了。他自视甚高，对萧红的作品颇不以为然，认为"她是秀明的，而不是伟大的"，在众人聚会时公然批评她的小说"结构不结实，叙述太过啰唆，人物性格不明确"之类，而完全无视她迥异于他人的思想见识、富有想象力的语言风格和极具独创性的审美情调。如果说，萧军的外遇意味着对两人爱情的背弃，那么，他对萧红文学价值的否定，则更意味着对她人格的践踏。

心理健康者所自由选择的爱情，是源于理性的欣赏，也是基于感性的吸引。由于发自内心的倾慕，从而自然地建立起亲密关系，才能达成彼此的宽容和互相的支持。马斯洛曾经诗意地写道：

我们在健康人那里看到的爱情，是必须用白发的钦慕来描述的。

正如我们欣赏一幅绘画而并不奢望占有它、喜爱一株玫瑰而不肆意采摘它、注目一只飞鸟而不愿意囚禁它一样，倾慕并自由地走向对方，白发苍苍也可以因为深深钦慕而依然相爱，最终展现出人世间美好而感人的一幕。健康的爱情，意味着心灵的安宁和人生的归宿，然而千疮百孔的感情，又能够留下什么呢？

（十二）瓜田李下
——从爱伦·凯主义看二萧危机

生命为什么不挂着铃子？

不然丢了你，

怎能感到有所亡失？

——萧红《沙粒》

　　五四新文化运动中，反对传统道德的思想，是以爱伦·凯的《恋爱与婚姻》一书为突破口的。当时负责《妇女杂志》时期的茅盾（沈雁冰），首先开始了对这位女性问题专家的译介。在《恋爱与婚姻》中，爱伦·凯认为：

　　　　不论怎样的结婚，要有恋爱才可算得道德。倘没有恋爱，
　　即使经过法律上的结婚手续，也是不道德的。

　　这句著名论断，被新文化青年奉为金科玉律，迅速形成了19世纪20年代的"恋爱自由"思潮。爱伦·凯的"离婚自由"观点同样惊世骇俗：

　　人之不能相约永远恋爱，譬如人之不能相约永远长生。

　　人们迅速将其应用到对传统中国旧道德的批判中，"恋爱至上""恋爱神圣""婚姻自主""离婚自由"，成为五四的新道德理论。鲁迅的三弟、现代著名社会活动家周建人总结道：

　　近代对于性道德改革上，最重要的呼声有恋爱和婚姻的合一；离婚自由和爱的创作；以及母性的自由。

　　深受五四新文化运动影响的沈泽民（其胞兄即沈雁冰），以锐利的笔调和战斗的姿态在上海《民国日报》副刊《觉悟》《妇女评论》等刊物，发表了一系列有关社会革命和妇女解放的文章，他对爱伦·凯的性道德理论概括得更加简明：

　　爱伦·凯对于两性的关系曾提出了那样的几项改革。这些改革的项目其实也是很简单而且很平常的，不过是恋爱自由、自由离婚罢了。她对于这两项改革的意见是："恋爱必须绝对自由，就是说，必须完全依从当事人的选择。旁人，无论是社会，无论是家庭，无论是父母，无论是法律，都不当加以一点限制或干涉的。"

　　在文学史上，萧红身后引起的诸多争议，都与二萧的决裂有关。他们同在一个文学圈中，由于萧军原先并没有抛弃萧红的打算，因而萧红在感情上的主动放手和断然转向，在当时就受到文学界的非议和朋友们的干涉。然而，社会眼光毕竟不是爱情体验，鞋子穿在各人的脚上，谁的痛楚谁知道。

　　1937年，萧红从北平回到上海刚一个多月，"七七事变"就爆发了。

这场旷日持久的浩劫，给中华民族带来了暗无天日的灾难。作为抗战时期的东北流亡作家，二萧的生活不可避免地会在颠沛流离中度过。"卢沟桥事变"使北平危在旦夕，萧红担忧着友人的安危，她致信北平的李洁吾问候平安，李洁吾也在7月19日的回信中详细描述了北平濒于陷落的情形。萧红以"来信"为题，将这封信发表于8月5日出版的《中流》。她在信前的"按语"中，表达了对国家前途与命运的关心：

> 坐在上海的租界里，我们是看不到那真实的斗争，所知道的也就是报纸上或朋友们的信件上所说的。若来发些个不自由的议论，或是写些个有限度的感想，倒不如把这身所直受的人的话语抄写在这里。

战争虽然迫近，但在1937年7月17日，许广平、萧军、萧红、胡风、许粤华、台静农、黄源、吴朗西等人，还是在上海华安大厦召开了鲁迅先生纪念委员会成立大会，决议于先生的一周年忌日前编辑出版《鲁迅先生纪念集》和《鲁迅纪先生念册》，并共同担负起了编纂任务。萧红带着对鲁迅先生的无限哀思，投入到对先生逝世新闻报道的剪裁、编辑及订正工作中。

和鲁迅先生一样，人道主义的悲悯情怀，贯穿了萧红的一生。她有着聪慧的大脑和敏感的心灵，从天真无邪的儿童时代起，对于人甚至动物的痛苦，就有着超乎常人的敏感。成年之后离家出走的艰难经历，使她更深切地关注普通人的不幸命运，甚而没有阶级和国别之分。因而，在战争前夕的上海，她与日本友人鹿地亘（1903—1982，本名濑口贡）及其夫人池田幸子成为患难之交。

鹿地亘夫妇虽然是日本人，却是反战分子，日本侵华的"九一八"事变后，因发表了许多反战言论，而于1927年受到日本军国主义分子的通缉，1935年才获释出狱。但在日本军国政府的迫害下，无法在国内谋生。1936 年 1 月，他和夫人池田幸子秘密转道青岛辗转上海。鹿地亘起初在剧团里当一名杂役，内山完造爱惜他的才华，为了帮助他们夫妇谋生，特地介绍他与鲁迅先生相识。

鲁迅先生曾经留学日本，对藤野先生的感情众所周知，遇到鹿地亘这样善良而有正义感的落难知识分子，自然会责无旁贷地帮助他们。鲁迅先生遴选了一些中国作家的著作让他们翻译，并亲自校正，再由内山完造介绍到日本改造社出版。鲁迅先生逝世后，鹿地亘一面用文学形式提倡和平、反对战争，一面致力于 7 卷本《大鲁迅全集》的编译工作，先后翻译了《野草》《热风》《坟》《华盖集》等。这位著名的日本反战领袖，后来还领导成立了"在华日本人反战同盟"，为中国人民的抗日战争作出了可歌可泣的贡献。

因着这份与鲁迅先生的共同机缘，日本翻译家鹿地亘和夫人池田幸子，与二萧亦极为相熟。池田幸子和萧红经常往来，除了许广平，她就是萧红在上海期间的闺蜜了。同为女性，池田幸子对萧红的情感苦闷和心灵伤痛有比较深入的了解。她对萧红的中国妇女传统式隐忍很不解，在与绿川英子谈起时，为知己的姐妹抱不平：

> 进步作家的她，为什么另一方面又那么比男性柔弱，一股脑儿被男性所支配呢？

8 月 13 日上午 9 时 15 分，日舰重炮开始轰击闸北，中国军人予以还击，"八一三"淞沪抗战正式拉开序幕。萧红亲历了二战中令中国空军引以为骄傲的"八一四空战"，亦即著名的"笕桥空战"。在散文《天空的点缀》里，萧红以细腻的文笔记录了这个特殊日子。她亲眼看见这些掠着云层飞过的战机，感觉"实在的我的胸口有些疼痛"。两国在上海交战后，双方都在严密打击间谍，这对日本友人的处境异常艰难。

8 月 14 日这天，鹿地亘夫妇搬到许广平家暂住。8 月 15 日，萧红

和萧军一起赶到许广平家看望鹿地夫妇。他们生存于如此窘迫的夹缝里，仍然热心于反战宣传，还劝二萧参加团体工作，说："你们不认识救亡团体吗？我给介绍！"萧红很受感染，更加觉得有责任尽自己的能力帮助他们。危难之中，别的朋友都不敢接近鹿地夫妇，萧红却不时地陪他们聊谈。对于这份情谊，鹿地夫妇非常感激。

许广平在《追忆萧红》中写道：

> ……战争的严重性一天天在增重，两国人的界线也一天天更分明，谣言我寓里是容留二三十人的一个机关，迫使我不得不把鹿地先生们送到旅舍。他们寸步不敢移动，周围全是监视的人们，没有一个中国的友人敢和他们见面。这时候，唯一敢于探视的就是萧红和刘军两先生，尤其萧红先生是女性，出入更较方便，这样使得鹿地先生们方便许多。也就是说，在患难生死临头之际，萧红先生是置之度外的为朋友奔走，超乎利害之外的正义感弥漫着她的心头，在这里我们看到她却并不软弱，而益见其坚毅不拔，是极端发扬中国固有道德，为朋友急难的弥足珍贵的精神。

沪战仍在进行，国共再次合作，全民族抗战的序幕已然拉开。时局的变化，给流亡上海的东北作家们以巨大振奋，期待着不久就可以打回阔别的故乡。8 月 22 日，萧红到朋友处走了一遭，听到的都是相同的心愿。二萧住在租界，日子相对安宁。萧军一次又一次如数家珍地说起故乡所有的风物，萧红也忍不住打断他："我家就不这样，没有高山，也没有柳树……只有……"萧军往往不给她说话的机会，只顾自己滔滔不绝地说下去。萧红感到沮丧："我们讲的故事，彼此都好像是讲给自己听，而不是为着对方。"在这样郁闷的倾听中，萧红悲哀地想到：

> 家乡这个概念，在我本不甚切的，但当别人说起的时候，
> 我也就心慌！虽然那块土地在没有成为日本的之前，"家"在我
> 就等于没有了。

（《失眠之夜》）

然而，战况急转直下，1937 年 9 月，上海眼看即将陷落，二萧也商定转移到当时还是大后方的武汉。9 月 28 日，她与萧军一道撤离上海，乘火车去武汉，后来住在武昌小金龙巷蒋锡金的寓所。不久，东北籍少年成名的作家端木蕻良，也应胡风和萧军的邀请来到武汉。由于抗战时期条件艰苦，于是不久后，端木蕻良也搬到小金龙巷，与蒋锡金、二萧生活在一起。蒋锡金在《萧红和她的"呼兰河传"》中写道：

> 那时是在武昌的水陆前街小金龙巷，萧红每天都忙着给
> 我们做饭，有时还叫我们把衣服脱下来给她捎带着洗。这时她
> 说："嗳，我要写我的《呼兰河传》了。"她就抽空子写。……
> 我喜欢她写了的这些，认为她写得好，希望她快快地写成。我
> 们起初是三个人，后来是四个人，再后来是五个人；只有三张
> 桌子，因此我写东西总是到外面去写，让她有桌子写。……

"四个人"的时期，显然就是蒋锡金、二萧与端木蕻良。据蒋锡金自述，他根据"端木蕻良"这个笔名，起了个西班牙文发音的 Domohoro，平时为了省便，只叫 Domo，以至于后来在许多作品里，端木蕻良都被简称为"D·M"。端木蕻良是单身青年，又与二萧是东北老乡，自然也倍加亲切。由于蒋锡金在家的时候不多，为了方便《七月》同仁的活动，就同意他住了进来。蒋锡金向邻居借了一张竹床，一张小圆桌，让端木蕻良在外间的书房里睡。就这样，他们四个人共同生活在了一起。

据端木蕻良晚年回忆，1936 年夏天，他曾在上海法租界的一处公园

里看见二萧、黄源等一群人聊天散步，潇洒不羁的文人风度十分引人注目。萧红当时已是上海滩著名女作家，端木蕻良甚至还记得她那天身穿大红衣服，背影修长苗条，一副体弱有病的样子。

而在《七月》筹备会上亮相的端木蕻良，也给同仁留下了深刻印象——"长头发、脸色苍白、背微驼、声音嘶哑，身穿流行的一字肩西服"（梅林《忆萧红》）。端木蕻良习惯了西装长筒马靴的时髦装束，加之很长的鬓角和脑后几乎盖住了脖子的长发，以及憔悴的形容、羞涩的举止，加上填了高肩的西服，看起来两肩都几乎齐平，大家都开玩笑地称他为"一字平肩王"。

他们的生活很和睦，萧军买菜，萧红做饭，蒋锡金整天在外奔波，偶尔中午的时候一起吃饭。这群无忧无虑的年轻人，生性活泼，唱歌、跳舞样样都会。萧军是个活跃分子，会唱京戏、评戏和大鼓书，萧红也会跳西洋的"却尔斯顿"，还会学大神跳萨满舞。他们每一次娱乐，都引得同宅院的邻居孩子扒着窗户看。

作为知识分子，他们也议论中外古典名著和文艺问题，讨论时事和分析战局。他们还谈到如果武汉守不住，可以组成个流亡宣传队，这多才多艺的四个人，有能唱歌、朗诵、演戏、画画的，有能写标语和传单、还能写文章写诗的，大概流浪到哪里都能拿出一手。他们喜欢萧红做的拿手的葱油饼，还给她的俄式罗宋汤取名"萧红汤"。四人还时常开玩笑，如果不行就开个饭馆，由萧军干重活，萧红掌厨，端木蕻良和蒋锡金可以跑堂。

正在写长篇小说《第三代》的萧军，是个自信满满的人，饭后闲聊时说："我写长篇小说，最伟大；Domo 的长篇小说给日本飞机炸掉了，那要写出来再看；萧红也要写长篇，我看你没有那个气魄；锡金写诗，一行一行的，像个什么？"他还开玩笑地对蒋锡金翘起了个小指头："你是这个！"

不甘落后的萧红，那时在萧军带动下，也已经开始写她的《呼兰河传》了，刚刚写了一章多的她，一听这藐视她写作能力的话就气哭了。她激烈地与萧军争论起来，也说了些挖苦的话，和萧军抬起杠来。端木蕻良不搭理萧军的谬论，只是站在萧红的立场，绕着弯儿鼓励她，说她是有气魄的，不过那气魄还没有充分地显现出来而已。

这些争论显然是有益的，萧军后来把它归结为文艺创作的理论——"衡量一个文学作品可以从三个方面，一是反映现实生活的广度，二是认识生活的深度，三是表现生活的精度"，在《七月》上发表了。萧红对萧军在文章中综合了各方的观点感到不满："你好啊，真不要脸，把我们驳你的话都写成你的意见了！"哭着握拳狠狠捶他的背，萧军弯腰笑着让她捶，说："你们要打就打几下，我不还手，我还手你们受不了。"

如果说男性的视野更加开阔，擅长反映现实生活的广度，那么萧红在认识生活的深度和表现生活的精度上，则是毫不逊色的。作为接近五四精神风暴的知识分子，萧红的女性意识是越发明确而自觉的。她在挣扎向上的成长中，痛切地感受到来自男权中心社会的无处不在的挤兑和压迫。在"八一三"的炮声中，萧红阅读了史沫特莱的《大地的女儿》和丽丝琳克的《动乱时代》。她在周围男性对女性作家肆无忌惮的嘲笑里，感受到作为同性的悲凉，也增强了反抗男女不平等现象的勇毅。萧红在关于这两部作品的读后记里写道：

> 不是我把女子看得过于了不起，不是我把女子看得过于卑下；只是在现社会中，以女子出现造成这种斗争的记录，在我觉得她们是勇敢的，是最强的，把一切都变成了痛苦出卖而后得来的。

萧军大男子主义的霸气蛮横，虽然在扶危济困上有着一肩担当的豪气，但不容易形成恋人间平等的交流模式。萧红在他面前，只能永远扮演一个无助的弱者，以隐忍迁就获得一点生存的保障。这与萧红曾经拼

死拼活逃离的父权，在本质上又有何差异呢？

　　端木蕻良出身地主家庭，具有良好的家庭教养，待人处事文质彬彬。他身材瘦高，穿着考究，性格忧郁内向，说话和风细雨，与野气豪放的萧军形成鲜明对比。他们经常讨论文学创作和时势发展，在争论问题时，端木从不与人发生正面冲突，只是采取迂回战术。尤其让萧红感到欣慰的是，端木蕻良"不只是尊敬她，而且大胆地赞美她的作品超过了萧军的成就"。精神的凝聚力是强悍的，二萧隔阂和僵持的情感局面，因为端木蕻良的进入悄悄发生了变化，正如端木蕻良晚年时的回忆：

　　　　我（端木蕻良）觉得萧红的见解、情感和我还接近，与萧军就越来越远，好像语言也不相通。

　　二萧本已裂痕重重的感情生活，面临着新的危机。萧红每每与萧军争执起来，同处一室的端木蕻良多半是站在支持她的立场。萧红终于有了援手——一个仰慕她而且处处保护她的人。在这个男性中心主义的社会里，萧红终于遇到了一个把自己当作姐姐一样尊重、热爱的男人。如果说祖父对她是包容和溺爱，鲁迅先生对她是指引和鼓励，那么，这种建立在尊重基础上的欣赏，是萧红从来没有体验过的。因为，即使是萧军当初的伸出援手，也不过是居高临下的"怜才济困"啊！

　　在老朋友蒋锡金的笔下，我们可以看出，萧军性格豪迈、不拘小节，萧红则宛如林黛玉般生性敏感自尊。在落难的时期，萧军以扶危济困的胸怀怜悯她，萧红也对他满怀崇拜与仰慕，两人的保护者和被保护者角色相当和谐。然而，当萧红渴望以自己的才华获得与萧军平等的地位时，就不可避免地产生了矛盾与冲突。因而，与朋友间的和睦相处不同，此时的二萧经常陷于争吵。张梅林在《忆萧红》中写道：

　　　　有一天下午，我们一同去抱冰室，在路上，萧红去买花生米，萧军没有陪她，先走了几十步。她买好花生米，一看竟没有等她，立即车转头冲回向家的路。经过赶去解释，这才走回来。

为了在艰难的环境中坚持《呼兰河传》的写作，萧红还与萧军怄了一场气，并且又哭了一回鼻子。她由于长期受不安全感的折磨，任性的小性子也时常发作。这对于爽直粗豪的萧军，也是一种难耐的折磨。他曾经对聂绀弩说：

> 我说过，我爱她；就是说我可以迁就。不过还是痛苦的，她也会痛苦，但是如果她不先说和我分手，我们还永远是夫妻，我决不先抛弃她！

不久，女漫画家梁白波也搬进了小金龙巷。二萧与梁白波一见如故，因为当年他们的好友金剑啸称呼梁白波为"鸽子姑娘"，与她有着非同一般的友谊。为了帮助这位住宿条件极差的故人，端木蕻良搬到里间和二萧睡在一起。由于东北人有男女老少一起挤大炕的习惯，彼此也心底坦荡，他们毫无芥蒂地共渡着战时的难关。

这种相处格局，对于萧军来说，自然不是滋味。虽然他毫不客气地给自己的朋友戴了绿帽子，对萧红的感情也早不是当初的柔情蜜意，但对于自己头顶的颜色还是很介意的。他常常口出"瓜前不纳履，李下不整冠"之类的警告。

不久，南京陷落，日军溯江而上，武汉亦由后方渐渐变成了前线，形势一天天紧张起来，敌人的轰炸机隔三岔五地飞临头顶，不时有建筑物被炸毁。冯乃超在夫人李声韵搬去重庆后，把自己位于紫阳湖畔的寓所让给了二萧，端木蕻良仍留在小金龙巷。然而萧红却不时返回探望和照顾端木蕻良，还常于有意无意间念诵起"恨不相逢未嫁时"的诗句。

男女之间的互相欣赏和倾慕，是无形的向心力，对彼此的艺术风格

都有着不可避免的影响。萧红后期的《黄河》《呼兰河传》，笔触更加开阔、开篇的场景更加宏大；而端木蕻良的创作，则明显由男性的叙事角度更多地转向女性视角和性别关怀。这些从他们作品里透出的精神交融，就是鲜明的证据。

卷五
婚姻家庭篇

（十三）银灯共照

——从冯梦龙"情教说"看端木蕻良

想望得久了的东西，

反而不愿意得到。

怕的是得到那一刻的颤栗，

又怕得到后的空虚。

——萧红《沙粒》

　　历史发展到明清阶段，又是一个哲学思想发展史上的重大变革期。李贽的"童心说"、冯梦龙的"情教说"，动摇了"存天理、灭人欲"的传统观念，让人们从程朱礼教这座紧锁的铁房子里，窥见了门缝里透出的一道炫目光亮。小说和戏剧作为广泛传播的艺术形式，以鲜明的人物形象，产生了巨大的影响力。

　　王实甫的《西厢记》，以"情欲"作为戏剧表现的中心，呈现了青春爱情战胜封建礼法的主题；汤显祖的《牡丹亭》，则以生死相许的"真心"与"深情"，作为比物质世界更为强悍的存在，生动地呈现在舞台上。"情不知所起，一往而深，生者可以死，死可以生"，明代这些"尚真""尊情"的生命哲学，对文学艺术产生了重大影响。

137

冯梦龙的"三言二拍",肯定了"欲"的合理性,叙述了大量源于自然情欲而脱离礼教轨道的爱情故事。在《情偈》中,冯梦龙写道:

天地若无情,不生一切物。一切物无情,不能环相生。

生生而不灭,由情不灭故。四大皆幻设,惟情不虚假。

有情疏者亲,无情亲者疏。无情与有情,相去不可量。

他以"情生万物"的思想,抗衡理学家的伦理道德,体现了生命最本真和永恒的意义。除此之外,冯梦龙还撰写了《情史》,"借男女之真情,发名教之伪药",刻画了大量性格各异、充满欲望与生命力的女性形象。

作为长篇小说艺术的高峰,四大名著的先后出现,在女性观上产生了历史性的重大分歧,《三国演义》的"女人如衣服",《水浒传》的"女人是祸水",《西游记》的"女人是妖精",在《红楼梦》中完全被颠覆了。曹雪芹借离经叛道的贾宝玉之口提出:

女儿是水做的骨肉,男子是泥做的骨肉,我见了女儿便清爽,见了男子,便觉浊臭逼人!

红楼女子以清洁尊贵的形象,令人在浑浊的尘世中一洗耳目,大观园也成了大地上的伊甸园。其中唯一有资格在园内居住的贾宝玉,在现实社会中却是"天下无能第一,古今不肖无双",以"边缘人""忏悔者"的形象,改写了封建社会男性的形象,也否定了以争逐名利为最大目标的人生。

端木蕻良一生推崇的,正是建立在明清思想解放基础上的"真情主义"。他认为,"情"是生命的根,所以木石前盟的根,就种在"青埂(情根)峰"。他把这种"情"本体的思想作为了自己生活和写作的明灯:

除是虫鱼，不解相思红豆；倘非木石，都知写恨乌丝。……

（《红楼梦赋叙》）

在《端木蕻良细说红楼梦》中，他自认为是个"红楼痴"，对《红楼梦》百读不厌，最大的原因就是为了曹雪芹的"真情主义"。在《论忏悔贵族》里，端木蕻良引用了自己所写的诗：

能哭黛玉哭到死，荒唐谁解作者痴？
书未关卷身先殉，流尽眼泪不成诗。

王国维在解读《红楼梦》时认为，"玉"即是"欲"，对"欲"的追求与幻灭，乃人生痛苦的根源。而端木蕻良则认为，因为人们沉迷酒色气财的"市侩主义"，才使"真情"成为"太虚幻境"，求真求美的人则堕入"情天恨海"。他站在"反市侩主义"的立场，选择了为林黛玉的"真情"而哭：

林妹妹是孤立无援的，伊是孤军作战，在理教的围剿之下，没有人给她做主，她要战斗，她要揭示她的心底的真正的声音，所以，她就孤僻、高傲，针刺别人的短处，解救别人对贾宝玉的包围，用种种的姿态表达自己的痛苦。

（《论忏悔贵族》）

爱美，也就是爱真，端木蕻良写给林黛玉的献词，代表了他对女性的审美取向。从文化意义上解读端木蕻良，也许能够更深刻全面地理解他对萧红的感情。"林妹妹是孤立无援的，伊是孤军作战"，这句话难道不会使我们联想起萧红从封建家长制的压迫下出逃后的处境吗？端木蕻良尊重女性，懂得林黛玉的痛苦，也支持她对理教围剿的反抗，这正是

他们相知相惜的思想基础。

端木蕻良 1912 年出生于辽宁昌图县的一个满族富裕地主家庭，原名曹汉文（曹京平），是家中最小的儿子，自幼备受母亲的宠爱。1928 年，十六岁的端木蕻良远离家乡，考入天津南开中学，并于 1932 年考入清华大学历史系。他对佃农出身的母亲有着深厚的感情，发表的第一篇小说就是《母亲》。端木蕻良对暴烈的地主父亲有着天然的反叛，在列夫·托尔斯泰的影响下，产生了剥削阶级的忏悔意识：

> 在托尔斯泰时代，俄国出现了很多忏悔贵族，许多伟大的文学家们差不多都是。尤其是在屠格涅夫的篇章里，他表现着一种对于农民的含着眼泪的眷爱，他差不多把所有的家财都还给农奴。这些中国的罗亭，外国的曹雪芹，他们都是在最后的一瞬间，放弃了维护市侩主义的立场，而宣言了自己明澈的态度。

> （《论忏悔贵族》）

在时代的感召下，上大学这一年，端木蕻良加入了"左翼作家联盟"。1933 年 8 月，北平左联遭到破坏，曹京平避居天津，创作了长篇小说《科尔沁旗草原》，于 1935 年完成这部作品，并寄给郑振铎。郑振铎看后，对端木蕻良的才华倍加赞赏，给予高度评价："出版后，予计必可惊动一世耳目！"然而，在战乱中，《科尔沁旗草原》的出版并不顺利，1939 年才正式问世。

端木蕻良比萧红小一岁，这个从 8 岁起就迷恋《红楼梦》的少年，和贾宝玉一样，对女性有着特殊的热爱，这种感情里有着温柔美好的欣赏，也有着对弱势群体的深切同情。和萧红一样，他的文学之路，也和文坛大师鲁迅有关。1936 年初，他从北平到上海不久，便以"叶之琳"的化名给鲁迅先生去信，提出见面的愿望，不料先生此时已是重病在身，这一不合时宜的要求遭到婉拒。1936 年 8 月 1 日，短篇小说《鸳鹭湖的忧郁》在郑振铎的推荐下，发表于《文学》杂志第，并第一次使用了"端木蕻良"这个名字。

幼有神童之誉的端木蕻良，能画善诗，长于酬答书信，深受老师和长辈的器重。他天资聪颖，旧学底子深厚，熟读诸子百家经典，能背诵《千家诗》中的许多篇章，是极富艺术才华的作家。他小时候所作的诗已经颇有林黛玉般的忧郁气质，"春月春花春满楼，春人楼上弄春愁"，显见深受《秋窗风雨夕》的影响。少年时期的端木蕻良，也不乏浪漫主义的飞扬激情，他喜爱张若虚的《春江花月夜》，仿作的诗亦是想象丰富、情景相生、境界宏阔：

> 谁家玉笛暗飞声，坐弄飞音惹恨潮。
> 调寄同情应沾臆，同情最是海天遥。
> 银灯共照人不共，余音坐涌心花焦。
> ……

在南开中学和清华大学读书期间，端木蕻良又阅读了大量外国文学名著，雨果、托尔斯泰、屠格涅夫的长篇小说，济慈、拜伦和雪莱的浪漫主义诗歌，都是他喜爱的作品。"维特是用生命来向旧社会秩序攻击着。但是这一切的进行，是隐藏在一个感伤的爱情故事的底下进行"。对《少年维特之烦恼》的赞赏，也显示了端木蕻良的创作倾向，唯美的语言和故事中，仍然弹奏着时代的音符。

接受了现代高等教育的端木蕻良，在阅读视野上打通了古今中外的界限，在创作思想上也有自己独到的观点。在《心浮私记》里，他提出"由美到真"的创作观，认为"艺术的美根植于生活的真"，"美若游离了真，那种美就失去了健康和价值"。写于 1942 年的《我的写作经验》一文，也表达了他极重要的文学思想。他认为，"写小说是一种哲学事

业"，"文学是因为它们都隐藏着哲学思想"，区别一流二流小说的关键就在于此。

《早春》《初吻》是端木蕻良在萧红去世、写作停顿了半年后，以儿童视角回顾往事而写出的小说佳作。他的语言充满了儿童特有的新鲜感和天马行空的想象力，与《呼兰河传》具有同质的"真"与"美"。例如《早春》开头的景物描写：

> 远山上牛哞哞的叫，似乎着急草长得太短了。旷野上乌鸦用脚向后性急地蹬着，把土刨开，吃着刚发芽的草籽儿。土豆柔软了，因为刚解冻的冰雪，被土粒给吸收进去。空气湿润了，旷野上的呼吸声从这边向那边传响，什么都带着生气，什么都想冒出头来看着。春像个看不见的轻气球似的，把什么都带起来了。石头底下的草籽儿都转折了几道，籽儿发出绿色的嫩苗来，硬的土皮就给草芽顶起来，如同一片小盖盖。多么强烈地摇曳着小生命的草儿呀，啮破了土地，踏出了地层，成堆成拉的千千万万的钻出来了。在山的崖角，石岩的细缝，水的湄床，河的浅洲，沙的底，墙的头，古庙的瓦棱，老树的杈丫，草芽都像白色的流苏似的踏出来，娇嫩的像刚洗过澡的少女皮肤似的。草芽，被春风染上了绒都都的新黄，就像初生的小鹅群一样，东也一窝，西也一窝。
>
> 韭菜刚冒嘴，小白菜刚分瓣，井沿的辘轳在噜噜地响。麻雀在水槽子旁边喝水，吃饱了把黄腊色的嘴丫角在槽沿上抹着，匆匆地飞去。大气里空漉漉的，空得好象有声音藏在里面，只要用手指一碰，就会响了。

这两篇小说的主人公兰柱，取的是端木蕻良儿时的乳名；《早春》中的金枝姐姐，是萧红成名作《生死场》中的一位年轻的女主人公；《初吻》里的灵姨，则是被父亲鞭打并遗弃的一个情人。端木蕻良成年后的感情取向，与童年的经验是一致的，人格成长仍然停留在"小男孩"阶段，这是一个值得深思的现象。

兰柱是个有恋母情结的男孩，而从母亲、姑姑、金枝、灵姨这样年长的女性那儿享受到的宠溺与呵护，让他充满了贾宝玉般的纯真、任性和娇气：

> 我把头拼命地向被子里面缩进去，我蜷缩在被子里，轻轻地发着娇声喊妈妈。在清早起床，我不管是叫谁，第一声总是叫妈妈，而且不管是谁来服侍我，都不如我的意，只有妈妈来服侍我，才是最好的。……倘若我在被缝里看见是保姆来了，我就发脾气找岔儿，不是她这儿不对，就是她那儿不对，而且捡着什么就扔什么，一点儿也不听话。倘若我在被缝里看见是妈妈过来了，我便撒着娇儿和妈妈歪缠，在被子里打滚儿，很难得起来。……
>
> （《初吻》）

兰柱像贾宝玉一样，迷恋着水一般灵秀的金枝姐姐，幻想着和她永远在一起。当金枝姐默默地看着他，问道："你能总跟我一块儿玩吗？"兰柱急急地像起誓似的回答："我总跟你一块儿玩，我长大了也跟你玩。"少年的心里流淌着纯澈的"真情"，洋溢着梦幻而欢乐的气息：

> 金枝姐有点儿累了，鼻尖儿上露出一星星的汗珠，她伸出手来拢了拢鬓角上散下来的头发，我看着她的水鬓那儿的散发，茸茸的，好像贴在我的脸上似的，使我看见一汪清水似的，感到凉爽。我又看着她带着微汗的尖俏的鼻头，好象要和我说话一样。我心里想，能够和金枝姐永远在一起玩该多好，这样的

天，这样的好姐姐。我看着远天的云，听听耳边的风，春天好象招呼着我在向前跑。

（《早春》）

金枝姐姐把自己挖来的野菜铺满两个篮子，又为他去山崖旁摘一朵莹澈的黄色小花——"一团有生命的火焰，懂得爱慕的电花"，然而一不小心，那朵花儿便从她手里跌落在了湍急的涧水中：

> 山涧上碧绿的水折叠的绫子似的流去，乳黄色的悬崖草，金线绫子样的垂在石缝里，涧水滚落到一个没有底儿的深渊，一个神奇的绿色的古镜子里去……在那上溅出白色的水花，一秒一秒的消灭，一粒一粒的破碎。那孤零的没有援救的黄色的花朵，便跌到那里去了，我一定听见了她发出一种声音，一种奇异的凄惨的转侧着的声音，要不然我的没有长成的肌肉不会那样痉挛……那仲夏夜滚落的不知道名字的流星呵，在她落上去的轨迹上，画出一道刺心的火花，每一粒火花都宣告说，她是灭亡了，她的最后的灵魂的每个闪光都撕成片片跌落在空中……那一朵黄花跌落在水中"哧"的一声熄灭了，绿色的绫绸，仿佛焦糊了一下，皱折了一下，哗哗地滚落下去。什么都完了。

（《早春》）

这朵黄色小花象征的显然是"爱情"，因为"那花穿过了我心房的每个纤维，使我的每滴血液都渗和了香味，使我每次呼吸都随着她而震颤，她的每个闪光都在我心里唤起一片透明的可喜的爱悦"。然而，世人最在意的是"未得到"和"已失去"，兰柱心心念念地牵挂着那朵黄花，他任性地责怪金枝姐。然而他虽然任性，本性却是善良的，因为看见金枝姐伤心的泪水而后悔不已，用各种好话来哄她：

144

妈妈平日里说我怪僻，我还嘴硬，现在我才知道我的小小的年纪已经做下了无限的罪恶。在这一刻我是多么爱恋我的金枝姐呀！

（《早春》）

当金枝千辛万苦地找遍山崖，又寻来一朵黄花后，兰柱因为姑姑的到访，很快跟去姑姑家玩了一个月，回来的时候黄花早已不见了。等他回来再去找金枝姐，她已经去了北大荒，再也回不来了。兰柱悔之莫及：

我是多么胡涂，我看见了眼前的姑姑；就忘了心上的金枝姐，我是多么混蛋呀！什么东西引诱我疯狂了似的玩耍呀，一个月我都没有想起过她来，我的心总以为世界是不动的，金枝姐就像放在一个秘密的银匣子里似的，什么时候去打开就可以打开的，等我看完了红红绿绿的玻璃匣子，再去打开那银匣子也不迟……但是太迟了，什么都嫌太迟了……我的心充满了忧郁，充满了悸痛，充满了悲哀……为什么我那样有关系的事，我处理得这样草率，而且，为什么我那样认真的事，那么容易就忘记，为什么那么密切的事，我又突然的看得那么冷淡，在我的灵魂深处一定有一种魔鬼，它在那儿支配着我，使我不能自主，为什么我忘记了她，连她送给我的小花也忘记？那小花是因为我喜欢的，她才喜欢，等她真的喜欢了，把她看做她的生命了，我又随随便便的丢开？为什么我在可能把握一切的时候，仿佛故意似的，我失去了机会，等她真的失去，我又要死要活的从头追悔？

（《早春》）

从端木蕻良的作品的深深忏悔里，我们是否也会明白：原来世间最珍贵的，不是"未得到"和"已失去"，而是"正拥有"的那一刻？"忏悔者"的痛苦，是"真情"失落的憾恨，有多少爱可以重来？解读完端木蕻良的《早春》与《初恋》中透露的儿童心态，有助于我们更好地从头梳理他与萧红的爱情历程。

在跨出由奴仆服侍的家门后，端木蕻良在独立生活能力上无疑是有缺陷的，而且身患的风湿性关节炎始终困扰着他。1937 年 9 月底从上海途径浙江的时候，端木蕻良就因风湿复发而无法行走，由他三哥一路照顾，途中暂居绍兴附近的乡下养病。然而，这个胸怀抗日救亡信念的青年，在病情稍有起色后，就不顾三哥的反对，应萧军之邀来到武昌。由于风湿是一种四肢活动不灵便的痛苦病症，所以难免显得疏懒，因此而指责他享受"贵族特权"，似乎也显得武断了些。

像大观园里的贾宝玉一样，端木蕻良从小在女性的怀抱和簇拥里长大，"对妇女抱有同情心"，倒是很自然的事。初来乍到的他，受到二萧的热情接待，当晚与他们同睡一张大床。对于东北人来说，一家老幼不避男女同睡一炕极为平常，战争离乱的年代，更是情有可原。端木蕻良当时 25 岁，不过是一个有恋母情结的大男孩，只觉得多了一个姐姐，生活得更加舒适自在：

> 当时她（萧红）比我大，女性有一种当姐姐的感情，我又没有结婚，她照顾照顾又是很自然的事。

然而对于萧红而言，她在萧军这样粗豪的东北大男人之外，发现了另一种精神交流的形态。萧红和端木蕻良，同样有细腻敏感的心灵，对照阅读萧红的《呼兰河传》《小城三月》和端木蕻良的《早春》《初吻》，我们就会发现，他们对于梦里家乡和亲朋故交的深情，都是通过纯真的儿童视角呈现出来的。而他们相遇之后，在文学理念和创作方式上，愈来愈趋向丰富的一致性。譬如他诗意的写景笔法，就与《呼兰河传》里后花园的描写有着异曲同工之妙：

> 刚伸出的蔓儿都扭着头儿在寻找，扭了一个劲儿再拉出一截来，找到中意的便缠绕上去，很怕随时失了去。青草的气息葱地飘起来，比什么花香都更香，画眉在叫着，声音里透出一种伶俐的气息，仿佛也带着香味一样，我像浸在牛奶的河流里面向下流，又像被关闭在象牙的小球里面，受着奇异的颠簸和滚动。挨着我的都是软滑的，冰凉的，细致得让人发抖……
>
> （《早春》）

端木蕻良的写作和萧红一样，是由赤子之心生发出来的才情。看着这样的文字，我就不肯相信，他会是一个"虚伪、矫饰、自私、畏葸"的男子。端木蕻良眼里姐姐一般的萧红，正如《初吻》中悬挂在父亲静室里的仕女画图，是精神上带着神性的眷恋，因为过滤了青春期的肉体冲动，更多了一分纯洁的向往。此时银灯共照，会有爱情的心花怒放吗？

与萧军"红旗不倒、彩旗飘飘"的封建士大夫式风流相对照，经过一番犹豫和痛苦的萧红，还会再次勇敢地投入纯粹而热烈的爱情中吗？是的，"女人是为爱情而生的"，正如萧伯纳所言：

> 此时此刻在地球上，约有两万个人适合当你的人生伴侣，就看你先遇到哪一个，如果在第二个理想伴侣出现之前，你已经跟前一个人发展出相知相惜、互相信赖的深层关系，那后者就会变成你的好朋友，但是若你跟前一个人没有培养出深层关系，感情就容易动摇、变心，直到你与这些理想伴侣候选人的其中一位拥有稳固的深情，才是幸福的开始，漂泊的结束。

（十四）明月清溪

——从李季兰《八至诗》看乱世情缘

野犬的心情，

我不知道；

飞到异乡去的燕子的心情，

我不知道；

但自己的心情，

自己却知道。

——萧红《沙粒》

法国女权主义学者西蒙·波伏娃，在被誉为"西方女性圣经"的《第二性·女人》中写道：

婚姻之对于男人和对于女人，一向有着不同的意义。男女固然彼此需要，但此需要从未建立在平等互惠的基础上，妇女则被局限于生殖和理家的角色，社会并没有保证她获得与男人相同的尊严。

动荡不安的流亡生涯，阴晴不定的情感生活，让萧红不得不在爱情与婚姻已经划上休止符后，独自承受源于女性身体的必然折磨。"人间恨，几千般，只应离合是悲欢？未是江头风波恶，别有人间行路难"。或许这世上原没有完美的爱情，可以满足一个女性所有的感情需要。而人间的夫妻情分，恰如唐代女道士李季兰的《八至诗》一样扑朔迷离：

　　　　至近至远东西，至深至浅清溪。
　　　　至高至明日月，至亲至疏夫妻。

那一湾清溪，没有沉潜过的人，不会知道是深是浅；那一轮明月，没有触摸过的人，不会知道多高多远。然而涉足流水溅溅，是年复一年的琐碎时光；仰望月光幽幽，是日复一日的爱恨心绪。求近而反远，情深而缘浅，人生的真相宛如荆棘鸟在酷烈疼痛里的歌唱，浪漫又忧伤、亮烈又苍凉。"乱离人不如太平犬"，乱世中的情缘，在萧红的笔下，又会是怎样的一番景象呢？

在萧红的小说《马伯乐》中，主人公马伯乐便是一个懒惰邋遢、儒弱自私、一点担当也没有的人物。他在上海过了一段艰苦日子，体会到了独自逃难的艰辛，就在心里埋怨他的父母：

　　　　这年头，真是大难的年头，父母妻子会变成不相识的人，
　　　　奇怪的，变成不相干的了。……

所幸马伯乐出身殷实的中产家庭，为了钱，他拼命催促妻子来投奔他。然而当妻子带着三个孩子来到他身边，还没有拿出珠宝和一千多银元的时候，他不但厌烦孩子们的调皮和吵闹，一想到要让自己养活妻儿，还觉得很恐怖：

若打算让他养活她们，那是绝对办不到的事情。世界上不会有的事情，万万不可能的事情，一点可能性也没有的事情，马伯乐自己是绝对做不到的。

（《马伯乐》）

在逃难的路上，中国人自私的本性更是变本加厉，"弱者"在这样的乱世里，无疑被无限挤压了生存空间。在这部讽刺世态人情的小说中，萧红以冷峻而透彻的笔调，揶揄着乱世中"各人自扫门前雪，莫管他人瓦上霜"的现象：

这些逃难的人，有些健康的如疯牛疯马，有些老弱的好似蜗牛，那些健康的，不管天地，张牙舞爪，横冲直撞。年老的人，因为手脚太笨，被挤到桥下去，淹死。孩子有的时候被挤到桥下去了，淹死了。

强壮如疯牛疯马者，天生就应该跑在前面。老弱妇女，自然就应该挤掉江去。……他们这些弱者，自己走的太慢那倒没有什么关系，而最主要的是横住了那些健康的，使优秀的不能如风似箭向前进。……

（《马伯乐》）

马伯乐的妻子知道丈夫的脾气，她像一个无限包容的母亲，耐心地对待他的抱怨和哭泣，殷勤地把带来的钱交到缺乏安全感的丈夫手里，然而"一到了紧要的关头，他就自己找一个最安全的地方去呆着"，到了稍微安全一点的重庆，马伯乐就和世交家庭的小姐谈起了暧昧的恋爱。

这部以马伯乐为唯一主人公的作品，充满了萧红式的细腻而琐碎的细节，深刻地剖析了乱世中出身优裕家庭的男性的弱点，而这一点，与观照东北黑土地上的愚昧乡民，又有什么差异呢？也许少了的是悲悯与忧伤的情怀，多的是俯视和嘲讽的观照。

　　艺术本身是高于生活的，比如萧红并没有养育孩子的经验，却依然能够把马伯乐的三个孩子——大卫、约瑟、雅格，写得各具性格和情态，萧红本身的性格与经历，也显然和马太太大不相同。然而，将马伯乐这样一个负面的人物形象，与当时萧红周围的朋友们对端木蕻良的评价相对照，会发现竟然有一定的相似之处：

　　　　他（端木蕻良）颇有点浪漫骑士派头，对妇女抱有同情心，然而缺乏的是抱打不平的勇气和自我牺牲的决心。堂·吉诃德那样大战风车的疯狂，他是全然没有的。相反，他依然一副公子哥儿的脾性，视贵族特权为当然。

　　虽然旁人的观感如此，但也不必一叶障目，就此判断端木蕻良的品行。我们不妨从事实出发，进行全方位的更为客观公正的解读。东北作家群是一个流亡的知识分子群体，以萧军这样出身低微而自我奋斗成才的作家为主，而端木蕻良作为一个贵族公子般的人物，自然就显得格格不入。萧军一贯为人豪爽、热情仗义，端木蕻良却孤傲不群、落落寡合，本来就难以找到同盟军。更由于中国人一贯"兔子不吃窝边草"的婚恋道德观，即使在二萧彼此都已经蓄意分别后，端木蕻良与萧红交往，也仍被视作"撬墙角"，并因此遭到了周围朋友的排斥。然而，萧红独立自主的个性，也在乱离生涯中愈来愈倔强地显现出来。

　　1938年1月，臧云远受阎锡山女婿梁必武之托，前来武汉为临汾的民族革命大学招聘师资。民族革命大学是阎锡山于1937年11月创办的，实行联共抗日的政策，目的在于培养抗日人才。臧云远是端木蕻良当年加入北平左联的介绍人之一，到武汉找到端木蕻良后，要他推荐一些比较有名气的文化人前往山西任教。离开武汉的机会终于来了，大家听后都非常振奋，除了蒋锡金要编刊物、胡风要留守《七月》外，其余人都

愿意去临汾。流亡武汉的年轻人很多，上万人报名去民大学习，一时成为热潮。一行人抗日热情高涨，表示愿意与学生们挤在铁皮车里一起走。胡风分别给了这些同仁60元稿酬，聊作川资。

1938年1月27日，萧红、萧军、端木蕻良、聂绀弩、艾青、田间、孔罗荪这一群人，乘一辆开往北方的火车离开武汉，于2月6日抵达山西临汾，他们都在这所临时成立的简陋大学担任"文艺指导员"。正好丁玲率领30多人的"西北战地服务团"从潼关到达临汾，因为住宿条件有限，就与从武汉来的作家挤住在一起。

萧红与丁玲，这两位中国现代左翼文学的优秀女作家，就这样因缘际会地在临汾相聚了。这一年，萧红二十六岁，丁玲三十三岁，都处在创作的黄金期。在一张珍贵的丁玲、萧红合影中，我们可以看到：被毛泽东称赞为"昨日文小姐，今日武将军"的丁玲，头戴军帽、身披军大衣、穿着粗布军裤，是一个英姿飒爽的革命战士；而照片中抱膝席地而坐的萧红，则一袭黑色长裙、白色围巾、黑漆方口皮鞋，是一个典雅温婉的知识女性，与丁玲形成鲜明的对照。

生活是能改变人的，丁玲已经不是几年前那个写《莎菲女士日记》的小资作家了，革命的风沙早已覆盖了莎菲原有的忧郁浪漫气息。"时代已经非复少年时代了，谁还有悠闲的心情在闷人的风雨中煮酒烹茶与琴诗为侣呢？"（《风雨中忆萧红》）萧红唯独对丁玲美丽的大眼睛印象深刻，她后来对骆宾基追述了关于丁玲的回忆："丁玲有些英雄的气魄，然而她那笑，那明朗的眼睛，仍然是一个属于女性的柔和。"（《萧红小传》）显然，萧红所欣赏的，是丁玲最本真的女性风采，而不是被革命所改造的一面。

萧红的回忆，验证了沈从文的说法——"丁玲既是把自己当成一个男人一样来要求的——不仅在豪爽、大气、襟怀开阔的性情举止上，更表现在对理想的追求和对事业的执著上"，"从做人方面，她却不大像个女人，没有年青女人的做作"。萧军的小说《侧面——从临汾到延安》

里，也提到了段女士（原型为丁玲）聊天时说的几句心里话：

> 我如今……什么也不想……我避免着我的灵魂底苏醒……我有孩子，也有妈妈……但我什么都不想……我只想工作，工作，工作……从工作里捞得我所需要的……我没有家，没有朋友……什么也不是属于我自己的，有的只是我的同志……我们的"党"……我怕回复文学工作……这使我忍受不了那寂寞的折磨……

萧红与丁玲相识后，在一起工作了两个月，她们都是敏感多思而才华出众的女性，"我们也痛饮过，我们也同度过风雨之夕，我们也互相倾诉"，然而丁玲痛切地感到自己对萧红了解太少。她在《风雨中忆萧红》一文中写道：

> 当萧红和我认识的时候，是在春初，那时山西还很冷，很久生活在军旅中，习惯于粗犷的我，骤睹着她的苍白的脸，紧紧闭着的嘴唇，敏捷的动作和神经质的笑声，使我觉得很特别，而唤起许多回忆，但她的说话是很自然而真率的。我很奇怪作为一个作家的她，为什么会那样少于世故，大概女人都容易保有纯洁和幻想，或者也就同时显得有些稚嫩和软弱的缘故吧。

丁玲与萧红的世界观与价值观，显然是南辕北辙的。丁玲懂得适应环境懂得改变自我，早期情感上的浪漫主义，不妨碍革命道路选择上的现实主义，她是能够追赶时代潮流的，后期完全是男性气质的女人。而萧红永远都是一个天真的小女孩，她的抗争是任性的，她所需要的世界是小而温暖、美而自由的。参加延安的革命队伍，对于一个女性作家来说，意味着既取消性别、又取消个性，这显然是萧红所无法忍受的。丁

玲也曾经坦率地写道：

> 当然我们之中在思想上，在情感上，在性格上都不是没有
> 差异，然而彼此都能理解，并不会因为不同意见或不同嗜好而
> 争吵，而揶揄。

萧红从西安回到武汉以后，池田幸子询问她为什么没有去延安，萧红答道："再也受不了同丁玲在一起。"敏感的萧红不能忍受丁玲的粗犷，而追求自由和独立的她，对政治抹杀个性的一面有着直觉的警惕，这也是两人产生隔阂的重要原因吧。1981 年，丁玲对葛浩文提及他们在延安的交往时回忆道：

> 我们那儿的政治气氛是很浓厚的，而端木蕻良一个人孤僻，
> 冷漠，特别是对政治冷冰冰的。早上起得很晚，别人吃早饭了，
> 他还在睡觉，别人工作了，他才刚刚起床，整天东逛逛西荡荡，
> 自由主义的样子。看那副穿着打扮，端木蕻良就不是和我们一
> 路人。

性情孤傲、打扮前卫、生活随意的端木蕻良，一向持自由主义立场，自然也与丁玲等左翼作家格格不入。但白天睡觉造成的懒散印象，显然是因作息习惯不同而产生的误会。这与端木蕻良夜晚的勤奋写作息息相关，否则他怎么可能同时是个多产的长篇小说作家呢？四五个月的时间就能够创作出几十万字的小说，不是一般作家可以做到的。从丁玲与萧红之间的隔阂，以及"端木蕻良就不是和我们一路人"这句话，可见萧红与端木蕻良的价值取向才是一致的，个性主义、自由主义是他们共同的标签。

临汾期间，除了与丁玲朝夕相处之外，萧红还与同住一个院子的聂

绀弩交情甚好。聂绀弩是二萧共同的友人，从上海到武汉，由武汉至临汾，又由临汾赴西安，一路风尘仆仆中同行同止。年长几岁的聂绀弩，是个性情中人，真诚率性，因而与萧红颇为投缘。两人如兄妹般彼此信赖，他对萧红的创作才能也极为看重，称她为"大鹏金翅鸟"：

> 萧红，你是《生死场》的作者，是《商市街》的作者，你要想到自己文学上的地位，你要向上飞，飞得越高越远越好……

> （聂绀弩《在西安》）

聂绀弩曾经在《太白》发表过一篇《谈娜拉》，提出"娜拉的时代虽然过去，新时代的女性身上应该同时负有作为反封建的娜拉的任务"的进步女性观。在《阮玲玉的短见》里，他为了拯救传统文化束缚之下的未来牺牲者，曾经强烈地批判残存的封建势力和封建制度遗留的影响：

> 男女平权是"五四"运动的主要课题之一。它的涵义无非是说女人应该有和男人同样的人权，应该有和男人同样的社会地位；同时也无非说明那时以前的女人是屈服在封建道德——旧礼教的束缚之下的某种东西，是她们的父亲，丈夫甚至儿子的附属物，（在家从父，出嫁从夫，夫死从子，）是家庭或闺房的必需品，然而不是一个和男人一样的社会人。不错，"五四"以后，旧礼教的淫威已相当地减低，一部分的女人已得到许多"五四"以前的女人所没有的某种限度的自由——恋爱、婚姻、教育、职业等等；可是不但穷乡僻壤，没有知识，依赖男子为活的女人们的生活，比"五四"以前的女人没有改变什么；就是住在都市上，受过相当教育，独立生活着的女人像阮玲玉，

也仍旧没有取得社会人的地位，和"五四"运动开始的时候所预期的男女平权还差得很远。

聂绀弩虽然支持女性解放，也站在鼓励萧红创作的立场上，但他对萧军的朋友义气，以及与二萧的长久情谊，又使他对端木蕻良抱着敌视的态度，不能免俗地把萧红看做"丈夫的附属物"。他敏感地注意到端木蕻良"似乎没有放松每一个接近她的机会"，警告萧红要小心遇人不淑，但萧红并不愿意被朋友当做不谙世事的孩子，激动地颤声回应道：

在要紧的事上，我有！

1938年2月，日军又进逼临汾。在临汾不到20天的安稳生活又被打破，丁玲率西北战地服务团奉命先到运城待命，尔后准备取道风陵渡，坐火车前往西安。大战在即，萧红、聂绀弩、艾青、端木蕻良等人都决定跟随"西战团"前往运城。萧军是一个有侠义气魄的男子，更是有家国情怀的热血男儿，执意留下来与民大学生一起打游击。临汾车站一别，在月台上，萧军将萧红托付给聂绀弩：

哦，萧红和你最好，你要照顾她，她在处世方面，简直什么也不懂，很容易吃亏上当的。

以后你们……

她单纯、淳厚、倔强、有才能、我爱她。但她不是妻子，尤其不是我的！

怎么，你们要……

"别大惊小怪！我说过，我爱她；就是说我可以迁就。不过还是痛苦的，她也会痛苦，但是如果她不先说和我分手，我们还永远是夫妻，我决不先抛弃她！""哦，萧红和你最好，你要照顾她，她在处世方面，简直什么也不懂，很容易吃亏上当的。"

（聂绀弩《在西安》）

在长篇散文《侧面》中，萧军记录了他们在临汾车站分手时，两人的缠绵、伤感与不舍。他与萧红临别的时候，并没有重聚的期许，因为他对萧红的倔强是不能接受的，只是担心她因为单纯而被欺骗。而萧红对聂绀弩回顾的，却是萧军的家庭暴力和出轨给她带来的巨大心理创伤：

　　我爱萧军，今天还爱，他是个优秀的小说家，在思想上是个同志，又一同在患难中挣扎过来的！可是做他的妻子却太痛苦了！我不知道你们男子为什么那么大脾气，为什么要拿自己的妻子做出气包，为什么要对自己的妻子不忠实！忍受屈辱，已经太久了……

（聂绀弩《在西安》）

聂绀弩听过二萧的话后，为之怅然了好久："当时，还以为只有萧军蓄有离意；今天听见萧红诉述她的屈辱，才知道她也跟萧军一样，临汾之别，大概彼此都明白是永久的了！"二萧在最后的温情脉脉和依依不舍后，就已经"蹀躞御沟上，沟水东西流"了。

对于二萧的离异，朋友们大都感到惋惜。胡风对端木蕻良没有好感，因为"如果是她一个人来，我们谈得很好，如果遇见的是他们两个人，就显得无话可说似的。可能是我不愿说，她不敢随便说"。他理解萧红在前一段关系里的痛苦，但并不赞成她选择端木蕻良：

　　作为一个女人，你在精神上受了屈辱，你有权这样做，这是你坚强的表现。我们做朋友的为你能摆脱精神上的痛苦是感

到高兴的。但又何必这样快？你冷静一下不更好吗？

（胡风《悼萧红》）

此前与二萧亲密交往的朋友，因为二人的分道扬镳以及对端木蕻良的恶感，而纷纷疏远了萧红。舆论普遍谴责端木是第三者，然而事实如何呢？多年好友张梅林，回忆了萧红的心声：

> 其实，我是不爱回顾的，你是晓得的，人不能在一个方式里面生活，也不能在一种单纯的关系中生活。现在我痛苦的，是我的病……

（梅林《忆萧红》）

此地一别，红袂永绝。二萧的分离，注定了他们感情上的巨变。萧军在送走萧红的第二天醒来，发现萧红那双常穿的红皮靴还放在屋角。他睹物思人，把小靴子包起来，托当天去运城的同事带给萧红，并附上一封短信：

> 红：
>
> 这双小靴子不是你所爱的吗？为什么单单地把它遗落了呢？总是这样不沉静啊！我大约随学校走，也许去五台……再见了！一切丁玲会照顾你……祝健康！

萧军随后去了五台山，萧红则随"西北战地服务团"，准备于2月底从运城到延安。3月1日，一行人从风陵渡口过了黄河，进入潼关，然而丁玲接到命令，带领西战团转去西安开展抗日宣传工作。去西安的火车上，丁玲提议编一出反映抗战的话剧。于是，塞克和萧红、聂绀弩、端木蕻良你一句我一句地讨论起来。这部在火车上诞生的《突击》，在西安公演 3 天 7 场，场场爆满。丁玲因此买了一部照相机，留下一批有关自己和萧红、艾青、端木蕻良等人的珍贵照片。

在左翼作家们一片反对的声音中，萧红仍然勇敢地作出了自己的选择。二萧分手后，萧红与端木蕻良的感情迅速发展，饱经创伤的萧红，又一次感受到了爱情的温暖。端木蕻良除了与萧红交流文学艺术之外，又常常带她和塞克、艾青、田间等人去参观西安古城的名胜古迹，到碑林、大小雁塔参观。博学的端木蕻良一路谈古论今，天天混在这一群人里，萧红很快忘记了昔日的阴影。

孩子气的萧红，还设计了一个找礼物的游戏，将一支精致的小竹棍藏起来，让聂绀弩等一群都想得到它的男性友人去找，却偷偷告知了端木蕻良所藏之处。这根精致的竹棍手杖，成为她在朋友圈中宣示自己倾心于端木蕻良的信物。端木蕻良拿到这支颇有象征意义的小竹手杖后，兴高采烈地与萧红一起照了几张相。在他们的合影中，灿烂的笑靥，散发着热恋的人儿才有的光芒，那也是她一生中难得的几次开怀欢笑吧！

二萧情缘，真是所谓"怨憎会、爱别离"，相聚的时候像刺猬一样互相伤害，而分开后却又是空落落的悲伤。他们的爱情，曾经是至高至明的日月，然而最终不过是情深缘浅的一湾清溪。"人非草木，孰能无情"，从至亲的夫妻到至疏的路人，有多少悲悼与伤怀！直到 1939 年 9 月 20 日，萧军还在日记里写道：

> 夜间，偶然把红的信，抽出几页要看一看，但是我看不下去了，一种强烈的悲痛，击痛了我的心！我保存着它们，但又不敢好好地看它们一遍。不知她现在跑到哪里去了。我想无论怎样，大家全要怀着这个永久的悲剧的心，一直到灭亡！

（十五）寂寞沙洲

——从"美狄亚综合症"看生育困境

> 感情的账目
>
> 要到失恋的时候才算的
>
> 算也总是不够本。
>
> ——萧红《苦杯》

　　一个曾经纯真而热烈的女子，在爱情的烟花消散后，在婚姻的小舟沉没后，会是怎样的心态？由于人类生育本能所带来的无辜孩子，在一场与之命运攸关的战争中，又会有怎样的结局？"曲终收拨当心画，四弦一声如裂帛"，在东西方文化的视野中观察女性，无论怎样的收梢，都是一幕深沉哀婉的悲剧，裂帛之音袅袅，余痛经久不息。

　　奥地利作家茨威格的《一个陌生女人的来信》，以一个纯情少女的堕落，成全了一个情场浪子的潇洒，代表了无怨无尤的极致。她从小就恋慕这个风流成性的艺术家，即使他只把她当作美丽的欢场女子，她还是不求任何回报地献身并生下他的孩子，只为从此就可以拥有他的一部分：

　　没有一个女人像我这样盲目地、忘我地爱过你，我对你永远忠贞不渝。

　　从男性的角度来看，最单纯无害的女性莫过于此吧。她独自遭受生活的磨难，远离亲人的呵护，忍受旁人的白眼，为了让孩子有一个良好的成长环境而委身他人，却从来不肯接受别人的求婚，因为她始终幻想着他可以认出她、爱上她。每年他生日的时候都她都会送去一束匿名的花，最后孩子因疾病而死亡，她的爱情终于与生命一齐陨落了。这封唯一的信，也只是为了吐露对他毫无怨尤的深挚爱情：

　　我不会使你若有所失——这使我很安慰。你的美好光明的生活里不会有一丝一毫的改变……我的死并不给你增添痛苦，……这使我很安慰，你啊，我的亲爱的。

　　婚恋道德上的两套标准，反映了男性自以为是的优越感，而这种心安理得的自恋，是建立在牺牲女性的基础上的，尤其令人不齿。爱，终究是两个人的事，不愿作出任何牺牲的男子，扪心自问，配得上这样深挚的爱情吗？爱是强烈生命意志的体现，爱得愈深的人，往往在遭受背叛时恨得愈切，古希腊悲剧大师欧里庇得斯笔下美狄亚的形象，就代表了这一倾向。美狄亚爱上来取金羊毛的伊阿宋，为了能和心爱的人在一起，她不惜杀死兄弟，帮他抢走父亲的至宝，随他远走他乡。然而后来伊阿宋在利益的诱惑下，还是抛弃了她，准备与有钱有势的科任托斯公主结婚。孤独而绝望的美狄亚悲愤交加，毒死伊阿宋的新欢，亲手杀死两个儿子，以此报复负心的丈夫。

　　这种"杀子惩夫"的复仇方式，在心理学上被称为"美狄亚综合症"。女性亲手杀害自己幼小的孩子，通过终结孩子的生命，来抹杀自己的过往情感，是痛苦中的冲动抉择，更是对自身生命体验的彻底否定。在无法自

由选择生育与否的年代，情感失落给女性带来的痛苦，不但在身体上留下疼痛的印迹，更在心理上刻下无法弥合的伤痕。生也许容易，育却是难题，需要安宁的家庭环境、足够的经济能力和稳定的精神支持。承受伤害而不得不放弃爱人，这是女性作为弱势者的无奈，而她们的生存困境，必然贻害更为弱小无助的孩子，这层层放大的生命悲剧，是何等残酷！

女性的情感悲剧，往往与生育苦难相联系，这是专属于女性的性别体验。谁的生活道路，能够因为婚姻而从此一帆风顺了呢？即便是成为萧军妻子的王德芬，也要独自承担生育五个孩子的操劳。可叹的是这样的女性，亦不为甩手掌柜的丈夫所体谅，还要忍受他大男子主义的作风，以宽容的胸怀接纳他接踵而至的出轨和私生子风波。

敢于反抗传统的萧红，她的思想显然迥异于王德芬。如果萧红是一个安于世俗生活的女性，那么呼兰那个名不见经传的东北小城，就足以承载她停留在物质生存层面上的平庸一生，但同样的她也不可避免养儿育女的艰辛，在千古的缄默中寂寂地生老病死。然而五四这个特殊年代的召唤，散发着阳光般灿烂的理想光芒，鲁迅这样的思想启蒙者，开启了萧红的精神追寻之门，指引她一次次出走，在疼痛中反思着女性的宿命，努力去实现生命的另一种可能。

萧红所经历的逼婚、逃婚、同居、怀孕的生命历程，对她伤害最大的就是怀孕和生育。而她对于生育，从小就有一种天然的反感，在她看来，这不过是牲畜繁殖的本能，无异于猪狗。《生死场》有专门的一章"刑罚的日子"，纪录了女性生育的卑贱与痛苦。

> 房后草堆上，狗在那里生产。大狗四肢在颤动，全身抖擞着。经过一个长时间，小狗生出来。
> 暖和的季节，全村忙著生产。大猪带著成群的小猪喧喧的跑过，也有的母猪肚子那样大，走路时快要接触著地面，它多数的乳房有什么在充实起来。

对于十几岁的懵懂少女金枝，神奇的子宫成为她难以主宰的怪物，不断变化的女性身体令她感到恐惧：

> 金枝过于痛苦了，觉得肚子变成个可怕的怪物，觉得里面有一块硬的地方，手按得紧些，硬的地方更明显。等她确信肚子里有了孩子的时候，她的心立刻发呕一般颤嗦起来，她被恐惧把握着了。奇怪的，两个蝴蝶叠落着贴落在她的膝头。金枝看着这邪恶的一对虫子而不拂去它。金枝仿佛是米田上的稻草人。

五姑姑的姐姐是个经历过多次生产的妇女，也是犹如过鬼门关般受难。由于农村的习俗，"压柴，压柴，不能发财"，于是连一层柔软点的草席也被婆婆卷走，赤裸的产妇，在扬起灰尘的坚硬土炕上，忍受着可怕的刑罚：

> 黄昏以后，屋中起着烛光。那女人是快生产了，她小声叫号了一阵，收生婆和一个邻居的老太婆架扶着她，让她坐起来，在炕上微微的移动。可是罪恶的孩子，总不能生产，闹着夜半过去，外面鸡叫的时候，女人忽然苦痛得脸色灰白，脸色转黄，全家人不能安定。为她开始预备葬衣，在恐怖的烛光里四下翻寻衣裳，全家为了死的黑影所骚动。

难产的女人挣扎在生死一线间，然而她耍酒疯的丈夫撞进来，嚷嚷着要靴子，因为昏迷的女人没有应声而斥骂她装死，拿起身边的长烟袋来投向那个"死尸"，接着又举起大水盆向帐子中的女人泼去，女人在满身冷水的刺激下，最后在血泊中生下一个死婴。

荒凉乡野里的女性，在自然和男性的双重暴虐统治下，没有对于新生命的喜悦和期盼，频繁的怀孕和生育，对于她们只是魔鬼的邪恶诅咒。

而对于不停地漂泊的萧红，生育又何尝有过宁静与喜悦呢？在长篇纪实性散文《弃儿》中，可以观照她的心境：

芹的肚子越胀越大了！由一个小盆变成一个大盆，由一个不活动的物件，变成一个活动的物件，她在床上睡不着，蚊虫在她的腿上走着玩，肚子里的物件在肚皮里走着玩，她简直变成个大马戏场了，什么全在这个场面上耍起来。

芹听不清谁在说话，把肚子压在炕上，要把小物件从肚皮挤出来，这种痛法简直是绞着肠子，她的肠子像被抽断一样。她流着汗，也流着泪。

在这篇自传性质的散文里，芹对生育的抗拒与排斥，从"肚子里的物件""小物件"可以看出来。这不是她所热烈欢迎的新生命，只是会活动的物件，剥夺了她的自由意志，使她成为一个屈辱的大马戏场。当孩子出生以后，邻近的产妇"带着同样的不可抑止、新奇的笑容"，"默默地在预备热情，期待她们亲手造成的小动物与自己第一次见面"，然而"芹的心开始跳动，就像个意外的消息传了来。手在摇动：'不要！不……不要……我不要呀！'她的声音里，母子之情就像一条不能折断的钢丝被她折断了，她满身在抖颤"。当看护妇推着婴儿朝她的方向走来，她下意识地拒绝了这个生命的到来。

萧红真是没有母性的狠心女子吗？血缘的关系是强韧的钢丝，当她折断的时候也是满身抖颤的痛苦啊！当孩子作为一个活生生的存在，哭着喊着，怎么不会牵动母亲的心呢？一墙之隔，柔肠寸断，可是铁一般冷冰冰的现实，横亘在她的面前。自己体弱贫穷，仗着萧军的蛮力，刚刚从医生手里夺回一条命，出院后尚且衣食无着，拿什么来养育孩子呢？最终，芹是用被子蒙了头，让人把"无用"的孩子抱去，然后开始了她与萧军在文学路上的艰难跋涉。可以想见，当时若没有放弃孩子，恐怕也难以养活，而生活的多重压迫下，连"悄吟"的声音也不会有的。在贫病交加的急难关头，能够责难萧红的狠心吗？

然而命运给萧红的考验还在后头，就在她准备勇敢走向新生活的时候，再次发现自己怀孕了，这是萧军的孩子。不幸的是，这个不合时宜的孩子，正好遇上她与萧军情感急剧动荡的时期。出走东京和北京带来的短暂蜜月，最终并没有弥合他们之间的裂痕。而由于漂泊造成的体质虚弱和缺乏妥善照顾，萧红自从生下第一个孩子，头痛、脱发、贫血、胃疼、妇科病等疾病便缠绕着她。鲁迅夫人许广平曾以一个女性的细腻和体贴记录过萧红的痛经，"痛起来好几天不能起床，好像生大病一样"。在许广平的关心下，用中药调理得体质稍微转好的萧红，不料又遭遇了生育的难题。萧红在回顾自己生命历程的时候也认为：

> 我这一生最大的不幸，就是因为我是一个女人。

丁玲和聂绀弩等左翼作家，无不希望他们努力修补关系，延续文坛已然众所周知的"二萧"佳话。然而女人的感性往往强于理性，男性可以在事业追求中获得满足感，女性则更看重两性情感和谐而产生的归宿感。对爱和温暖的渴望，导致萧红无法忍受与萧军同床异梦生活中不可排遣的孤独。萧红这样一个率性的女子，是难以屈服于旁人眼光的，她要的是"由心"，无法继续貌合神离的两性关系。也许正因如此，萧红的第二次生育，显见是更复杂的问题。不久，萧红给胡风发出一信：

> 胡兄：
>
> 我一直没有写稿，同时也没有写信给你。这一遭的北方的出行，在别人都是好的，在我就坏了。前些天萧军没有消息的时候，又加上我大概是有了孩子。那时候端木说："不愿意丢掉

的那一点，现在丢了；不愿意多的那一点，现在多了。"现在萧军到延安了，聂也去了，我和端木尚留在西安，因为车子问题。

在西北战地服务团，我和端木和老聂、塞克共同创作了一个三幕剧《突击》，并且上演过，现在要想发表，我觉得《七月》最合适，不知道你看《七月》担负得了不？并且关于稿费请传电汇来，等急用，是因为不知什么时候要到别处去。

屠小姐好！小朋友好！

萧红　端木　3月30日

塞克附笔问候

电汇到西安七贤庄八路军驻陕办事处萧红收

女性的身体，成为萧红前进路上的巨大累赘，怀孕生产，是她每一次情感结束后的巨大灾难。没有母亲依靠和家庭支持的萧红，以她漂泊的处境和病弱的身体，养大孩子本来就是个艰巨的任务，需要放弃的，就是她视为宗教的写作。她已经和萧军决裂，可"二萧"的传说那么深入人心，留下这个酷肖萧军的孩子，她又情何以堪呢？在战乱的年代，哪怕是当时毛泽东等中共高层的孩子，也有流落民间甚或夭折的，而即便是生下来给了萧军，一个粗莽的男子，能够把孩子抚养长大吗？何况萧军与第一任妻子所生的儿女，不也是同样被遣送回故乡，从此天各一方，任其自生自灭了吗？因为战时西安医疗条件太差，无处找可以堕胎的医院，她无计可施了。

但她是个认准了自己的路就不肯回头的刚烈女子，更不肯因为"人言可畏"而退缩。回武汉后不久，怀有身孕的萧红，还是频频与端木蕻良约会。池田幸子对梅志开玩笑道："我请她住在我家，有一间很好的房子，她也愿意。谁知晚上窗外有人一叫，她跳窗逃走了。喝，象夜猫子一样，真没办法！我真的没办法！"

端木蕻良作为清华大学的高材生，复旦大学文学院的教授，出身富贵的地主家庭，又是未婚的 25 岁青年，选择一个比他年长、初中学历、体弱多病、又正怀着别人骨肉的女性，尽管她是成名作家，也未免太让家人和朋友跌破眼镜了。想来民国时期的人物，也是颇有魏晋风度的，清高孤傲的端木蕻良，如此不恤人言，在萧红自行宣布与萧军分手后，坚决与之站在一起，怎么不是她难得的幸运呢？在《早春》里，他的摘下那一朵悬崖上的黄花、好好养在家里的愿望，除了爱情还有别的理由吗？

1938 年 4 月初，就在萧红的焦虑关头，萧军抱着言归于好的想法，来到了西安。在旁人眼里，她是萧军名正言顺的妻子，二萧在文坛上的影响也已经是众所周知的了，是安稳地生下孩子，还是重新选择情感归依？萧红已经失去过一个孩子，那种骨肉分离的创痛，在《弃儿》中犹是惨然在目，撕破这样看似完美的婚姻外衣，需要多大的勇气？有多少传统的女性，心甘情愿地为了孩子而选择牺牲自己的幸福啊！可是萧红毕竟是萧红，倔强而决绝的性格，注定了她不会委曲求全于感情已经消耗殆尽的空壳婚姻。几乎在萧军刚刚进门洗脸的当儿，她就迫不及待地当众提出：

　　三郎——我们永远分开罢！
　　（萧军《我和萧红六年来由相识、相结到诀别简要的过程》）

骄傲而自负的萧军，果然痛快地答应下来。然而萧红和端木蕻良到公园散步的时候，萧军经常提着根大木棍，在他们的身后逡巡，企图将被甩的怨恨发泄到端木蕻良身上。端木蕻良对萧军心怀畏惧，往往便在公园门口停住脚步，萧红却在凛然地喝止萧军后，头也不回地自己一个人走了。

二萧当众决裂之后，此时萧红已经将端木蕻良视为自己的情感归宿，然而令她不快的是，周围的朋友早已将她定义为"萧军的女人"。把女性当作私有物品，这何尝不是男性高高在上的自私心理呢？于是一气之下，

萧红打算在报上登分手启事，表明与萧军脱离关系。端木蕻良晚年回忆
当年情景的时候说：

> 那么在这种情况下，我当然要站在萧红这方面。实际上，
> 我一直没有结过婚，萧红年龄还比我大，身体还那样坏，我当
> 然也有考虑。但这种情况下，我必须与萧红结婚，要不然她会
> 置于何地？这以后，我们就经常在一起了，关系也明确了。

1938 年 5 月与萧红结婚时，端木蕻良特意在武汉的大同酒家举办了
隆重的婚礼。虽然受到母亲的坚决反对，他还是特地邀请了三嫂刘国英
及其同学窦桂英等，还有艾青等一帮文化界的朋友，并由胡风担任婚礼
司仪。端木蕻良让三哥未婚妻刘国英的父亲，这位在邮政局任高级职员
的刘镇毓老先生作为男方家长主持仪式，表明了对萧红的诚恳接纳。

萧红在婚礼上，把当年鲁迅和许广平送给自己的四颗象征爱的南国
红豆，转送给端木作为信物。和当初象征着坚韧与永恒的小竹竿一样，
这两件定情物都诉说着萧红追求爱与温暖的心愿。当胡风提议他们谈谈
恋爱经过时，萧红说：

> 掏肝剖肺地说，我和端木蕻良没有什么罗曼蒂克的恋爱历
> 史。是我在决定同三郎永远分开的时候才发现了端木蕻良。我
> 对端木蕻良没有什么过高的希求，我只想过正常的老百姓式的
> 夫妻生活。没有争吵，没有打闹，没有不忠，没有讥笑，有的
> 只是互相谅解、爱护、体贴。

端木蕻良从萧红口中获知她怀有萧军的孩子后，仍然能够选择和
身怀六甲的萧红结婚，实在可以说是世间罕有的举动，只有思想解放的
五四青年才办得到。由此可见，他与马伯乐的本质还是大不相同，既不

乏"浪漫骑士派头"，更不缺"抱打不平的勇气和自我牺牲的决心"。这个二十六岁的小伙子是仗义的，即使在威猛尚武的萧军多次暴力威胁下，还是选择了正孕育着萧军孩子的萧红。沉湎于爱情中的人，可不是"你是疯儿我是傻"么，这事儿放在如今，恐怕也是绝无仅有的一朵奇葩吧。

1938年6、7月间，武汉局势危急，正如《马伯乐》中描摹的逃难情形，人们被瞬息变化的战局驱赶着不断迁徙，上海沦陷后涌到武汉，许多人又纷纷携家带口迁往重庆。端木蕻良与《大公报》总编辑王芸生接洽，想作为该报特派记者上前线采访，愿望落空后，准备和萧红一起迁往重庆。在只有一张船票的情况下，萧红主动提出让端木蕻良先走，自己和女伴（田汉的爱人安娥）留在武昌另外等船。

1938年8月初，端木蕻良与罗烽、梅林离开武汉，将身怀六甲的萧红留下，独自入川。重孕在身的萧红，因安娥的行程有变，未能与之同行，与萧红同行的李声韵又中途大病，一个人历经磨难，最终抵达重庆。不久，萧红独自前往江津的女友白朗那儿，于11月在医院产下一名男婴，旋即夭亡。

萧红一生饱受争议的，除了她的情感生活，就是这个在江津医院里出生、不出三天便夭折的男婴。她终究是一个普通女人，不管是有意还是无意地结束了孩子的生命，骨肉分离的内心创痛是无处诉说的，产后萧红便患了抑郁症，情绪暴躁、精神不佳、思想灰颓。生育的意义，对于传统女性来说，意味着人生的寄托，也是对未来生活的期望。然而，这人世间，更多的是痛苦而蒙昧的生，混沌而愚昧的养。生育并不是萧红的自由意志，她的人生价值寄托在自己选择的方向，也要由自己亲自来实现。

女人是弱势群体，孩子是更为弱势的存在，没有无私的父母之爱，不过是"天地不仁，以万物为刍狗"的自然牺牲品啊！爱憎鲜明的萧红，刚烈决绝的萧红，强调自我的萧红，也许注定不会是一个好母亲。《生死场》中，"要小孩子我会成了个废物"的王婆，也许就是她的写照吧：

孩子死，不算一回事，你们以为我会暴跳着哭吧？我会嚷叫吧？起先我心也觉得发颤，可是我一看见麦田在我眼前时，我一点都不后悔，我一滴眼泪都没淌下。以后麦子收成很好，麦子是我割倒的，在场上一粒一粒我把麦子拾起来，就是那年我整个秋天没有停脚，没讲闲话，像连口气也没得喘似的，冬天就来了！到冬天我和邻人比著麦粒，我的麦粒是那样大呀！到冬天我的背曲得有些利害，在手里拿著大的麦粒。可是，邻人的孩子却长起来了！……到那时候，我好像忽然才想起我的小钟。

人的一生，能够扮演好的角色有几个，能够实现的价值又有几许？对于萧红而言，能够让她慢慢地从这种生育的创伤中走出来，赖以安身立命和憩息疗伤的精神沙洲，恐怕就是爱情和写作吧。而当有一天，她明白失去的一切永不重来，是否在世界之巅，也会感到寂寞和悲凉？孩子与爱情、事业之间的选择，需要多少折磨才忍痛放弃？人艰不拆，因为懂得，所以慈悲。

（十六）拣尽寒枝

——从《红楼梦》中贤妻看理想家庭

理想的白马骑不得，

梦中的爱人爱不得。

——萧红《沙粒》

　　有人做过一个有趣的调查：在《红楼梦》中，花袭人、薛宝钗、林黛玉，谁是最理想的妻子？花袭人温柔和顺，却没有文化，一身逢迎的奴骨；薛宝钗落落大方、出得了厅堂，却冷香入骨、患了贤惠强迫症；林黛玉超尘脱俗、可引为知己，却敏感多疑，尤其爱使小性子。世上有光的地方就有影，人无完人，白璧无瑕的只是梦中情人。

　　古代富贵男人的理想自然是兼收并蓄、妻妾满堂，喜欢谁就是谁，哪天不高兴了就一边儿晾着去。然而在一夫一妻制的社会中，有得必有失，选择优点的同时也意味着接纳缺点。比如选择袭人，当然是重视日常的照顾；选择宝钗，必然是关注家庭的声誉；而选择黛玉，显然是倾向心灵的和谐。萧红曾经在与聂绀弩交谈时，将自己比作"呆香菱"：

　　我是《红楼梦》里的人，不是《镜花缘》里的人。我是像

《红楼梦》里的香菱学诗，在梦里也做诗一样，也是在梦里写文章来的，不过没有向人说过，人家也不知道罢了。

（聂绀弩《回忆我和萧红的一次谈话》）

而若是将她放在这三类型妻子里，更接近于谁呢？一看就觉得她像林黛玉，才华过人、不同流俗，又同样是伶牙俐齿、孤高自诩，外加上多愁善感、娇袭一身之病。然而，大不相同的是：黛玉一生未离白玉堂，只在安乐窝中耽愁觅恨，生病了也有上等燕窝伺候；而萧红逃出家门后，却一直过着颠沛流离的日子，屡次陷入绝境，被爱情拯救后又被伤害，成名的荣光带给她的并不是理所当然的幸福生活。

向往理想世界的萧红，是自由的飞鸟，充满了精神的创造力；而现实世界的萧红，则拼尽全力与尘俗的生活抗争，同时憧憬着温暖与爱。然而，因为漂泊而毁坏的身体，是一个负重的破皮囊，不断侵袭而来的病痛，成为萧红必须反复面对的暴风骤雨，她多么渴望一个休憩的港湾啊！南北朝民歌唱道：

暂出白门前，杨柳可藏乌。

欢作沉水香，侬作博山炉。

（《杨叛儿》）

谁不愿意藏身在杨柳里，做一只即使不美也幸福的乌鸦呢？在博山炉般的怀抱里，点燃沉香的光亮，散发灵性幽幽的芬芳，是一幅多么浪漫的画面啊！民歌里的"欢"字当真是好，爱情可不是一场相见欢么？这作者的心思又是多么慈悲而博大，因为欢喜，甘愿做一座保护你的香炉，让你免于惊免于苦，安于情安于爱。李白仿写的《杨叛儿》亦好，从女性的角度再现了两情相悦的场景：

172

君歌《杨叛儿》，妾劝新丰酒。

乌啼隐杨花，君醉留妾家。

博山炉中沉香火，双烟一气凌烟霞。

你愿意成为我生命的屏障，我也愿意成为你人生的守护者，彼此都化作博山炉中缓缓点燃的沉香，双烟一气凝成不灭的烟霞。爱情的魅力，原不在于理所当然的索取，而在于心甘情愿的奉献。可是，作为成名作家的萧红来说，日益恶化的健康状况，恐怕比失恋本身更具有毁灭人的力量：

> T君（端木蕻良）给了她一个希望，这希望连系着她，那就是她可以到北平他三哥那里去养病，她可以不必愁苦搁笔之后的生活，她可以去恢复她身体的健康，而世界上也仿佛，确实只有他关注着她的身体健康，因为另外也仿佛真的没有人这样关注，……这北平的"深林"是可以庇护她的。萧红的依靠这一希望，是现出她的孤立，她在世界上只有这一个庇护的憧憬。
>
> （骆宾基《萧红小传》）

在男权社会，女性依附男性，男性则依附家庭，其实也是司空见惯的，然而，并没有这样的幸运光顾她。端木蕻良把萧红托付给三哥的愿望并没有实现，而他的哥哥对萧红也的确没有照顾的义务。社会默许了女性对于男性的牺牲，反之便是异数。

端木蕻良自幼在父母的宠溺下，养成了纵情任性的贵公子做派，在他的作品《早春》《初吻》里可见一斑。这位同样在 23 岁就已经拿出长篇代表作《科尔沁旗草原》的天才作家，和众多抗战时期的青年一样，心思根本不在世俗的婚恋上。他努力追求文学事业的成功，也渴望为抗战出一份力，但风湿病造成的行动不便，显然也是阻碍他上战场的重要

原因。对于无辜的端木蕻良来说，一时源于知音、激于义愤的感情，何尝不是给自己带来无数的烦恼呢。因而，在 1938 年，武昌一个微雨蒙蒙的码头，日本友人绿川英子看到的就是如此令她不平的情景：

（萧红）夹在濡湿的蚂蚁一般钻动着的逃难人群中，大腹便便，两手撑着雨伞和笨重的行李，步履维艰的萧红。在她旁边的是轻装的端木蕻良，一只手捏着司的克，并不帮助她。

作为母亲最小偏怜的儿子，端木蕻良的生活能力显然是薄弱的，但此时的状况果真能够怪罪他的自傲和自私吗？绿川英子是萧红的好友，选择性地忽略了端木蕻良的风湿病痛，她又焉知当时端木蕻良身体的病痛如何难忍？当然，这也说明了，萧红作为姐姐式的爱人，在他们的婚姻里，注定要承担更多的责任。然而，战乱中流离多年的萧红，有足够强大的内心吗？且回顾一下她当时的心路历程吧。

1938 年 8 月初，端木蕻良走后，日军加紧了对武昌的轰炸。独自一人留在武昌小金龙巷的萧红，孤独而惶恐。大轰炸的第二天，萧红打了一个简单的铺盖卷，拎着小提箱，叫了辆人力车，就赶往设在汉口三教街的"文协"找蒋锡金。看着这个大腹便便的孕妇，蒋锡金很诧异，便问她为什么没有跟端木蕻良在一起。萧红说端木已经去了重庆，蒋锡金大吃一惊："他怎么不带你走？"不料萧红反问："为什么我要他带？"萧红解释了具体情况后，硬是要求在老朋友这个嘈杂的地方打个地铺睡下来，也许她害怕的，就是第一次怀孕时被困旅馆的那种无人救援的孤独吧。此时，东北作家孔罗荪正出任"文协"出版部副部长，兼任《抗战文艺》编委，他的夫人周玉屏，与萧红曾经是哈尔滨东特女一中的校友。"文协"本来就是作家的组织，何况孔罗荪也肄业于哈尔滨政法大学，看在同乡同源的情分上，自然也就收留了孤身一人的萧红。

文学创作是一个情绪的出口，容易让人忘记严峻的现实。然而，在朋友们的眼里，任性的萧红过的无疑就是凄惨的日子。1938年夏天，老朋友高原从延安来到武汉，通过胡风找到萧红。高原在"文协"看见萧红的时候，怀孕的她穿着一件夏布长衫，坐在楼梯边的地铺上，旁边摆着一盘未燃尽的蚊香。得知萧红囊空如洗，高原把自己仅有的5元钱留给了她，也不免责怪她太过轻率，竟然把自己托付给了一个不负责任的男人。倔强的萧红很反感，认为高原从延安回来，学会几句政治术语就训人。

即使在困境中，萧红也仍然有着东北人的豪爽。蒋锡金在《乱离杂记》里谈到：高原的5元钱，不久就被萧红拿去请客了。大家原本要敲诈的是蒋锡金，萧红却直接拿出那张5元的钞票付了账，连女侍者找回的2元多也不要了。她这样花钱痛快的豪气，自然是有所倚仗的。蒋锡金批评她的时候，萧红不以为然地说："那2元多钱留着也是什么作用不起，反正你们有办法我也有办法。"蒋锡金哭笑不得地说："最紧张的时候，我可能人在武昌，江上交通一旦断绝，我能顾得上你吗？"萧红仍不以为然地回答道："人到这步田地，发愁也没有用，反正不能靠那2元多钱！"

蒋锡金是个忠厚男子，不免替萧红担忧，他分别从生活书店和读书生活社借来100和50元钱，说明由萧红将来用稿子还，如果她不还就由自己用稿子还。蒋锡金把这些钱拿回来交给萧红，让她得好好保存着供逃难用，不许她再乱请客。后来在蒋锡金的奔波下，萧红和李声韵结伴到重庆。看来，萧红这个任性的办法，在老实人那里还是有用的，她一时讲义气而胡乱花了5元钱，却换来了自己或许无法借来的150元。这些朋友们善意的帮助，也是她能够坚强面对生活的理由啊。

萧红与李声韵行至宜昌，李声韵不幸咯血病倒。手足无措的萧红，在同船《武汉日报》副刊《鹦鹉洲》编辑段公爽的帮助下，把李声韵送进当地医院。一片慌乱之中，萧红在天蒙蒙亮的船码头被脚下的缆绳绊倒。她疲倦已极地躺倒在异乡的码头，索性放弃了挣扎。萧红是个艺术感觉强烈的人，无论在任何的困境中，都能够寻找出诗意来。她面对浩渺的星空，索性仔细数起天幕上寥落的星辰。天地的浩瀚和个体的渺小，让聪慧的萧红心头浮起生死一瞬的人生虚无之念。即便此时死去，亦未见得世界会因为自己的死而显得少了什么吧。然而，她又意识到，就此死掉实在不甘：

> 总像我和世界上还有一点什么牵连似的，我还有些东西没有拿出来。
>
> （骆宾基《萧红小传》）

过了很久，一个赶船的路人，终于把无力动弹的萧红扶了起来。李声韵住院了，她只好独自在宜昌再等下一趟船。九月中旬，萧红拖着沉重的身子到达重庆，结束了这一趟不可思议的冒险之旅。见到张梅林，她不无幽怨地说：

> 我总是一个人走路，以前在东北，到了上海后去日本，现在到重庆，都是我自己一个人走路。我好像命定要一个人走路似的……
>
> （梅林《忆萧红》）

萧红和端木蕻良团聚了，然而端木蕻良同时担任内迁重庆的复旦大学新闻系兼职教授，和复旦大学《文摘》副刊主编，住处是《文摘》的门市部，没法安置萧红。后来端木蕻良还是绞尽脑汁，找到当年南开中学同学范士荣，让萧红有了住处。可见，如果没有友人蒋锡金和爱人端木蕻良的努力，一个女子在乱世的生存，是谈何容易啊！

萧红是幸运的，友情还是处处为她伸出援手。白朗6月底刚刚到达重庆安顿下来，家里正靠婆婆照顾不到一岁的幼儿，萧红向她去信询问的时候，白朗就热情地欢迎她到自己江津的家中待产。此时的萧红仿佛又任性起来，变得暴躁易怒，两三次为着一点小事竟冲白朗发起脾气来。或许，是因为在自己信赖的友人面前，才可以发泄一下命运对她不公的愤懑？这无名火不仅对着白朗，有时也对着白朗的婆婆，应该是萧红对孕育的心理焦虑，才导致的行为失态吧。白朗对命途多舛的萧红，还是抱着宽容的态度，然而老太太对她动辄发的脾气就未必能够接受，因此生下孩子没多久，萧红就离开了。

对于苦难的人生，萧红有着自己的解脱方式，她要努力用物质的美，来对抗身心的痛楚。一次她对白朗说："贫穷的生活我厌倦了，我将尽量地去追求享乐。"而她当时追求的所谓"享乐"，也不过是自裁自缝了一件黑丝绒旗袍，绣上精致的花边。然而，又一次婴儿夭亡的情绪雾霾，此时正笼罩萧红的生命。她临上船前对白朗说：

> 我会幸福吗？莉，未来的远景已经摆在我的面前，我将孤寂忧悒以终生！

萧红离开时，白朗见萧红没有御寒的冬衣，又为她准备了几件衣服。这样温暖的同性情谊，难道不也是萧红的幸运吗？也许是产后抑郁症的缘故，萧红的心情显然是萎靡不振的，这样不健康的心态，也给他们的婚姻带来了隐患。不能安顿好自己心灵的人，如何能够去创造一个和谐的两性婚姻？

萧红从江津回来后，经朋友帮助，和端木蕻良租住进歌乐山的"乡村建设所"。而在 1938 年 10 月 25 日武汉陷落后，她的好友池田幸子、绿川英子夫妇、胡风夫妇于 12 月初纷纷迁来重庆。池田幸子也是同样身怀六甲、独自来到重庆的，因为鹿地亘正忙于反战宣传工作。可见，萧红的遭遇，在当时并不特殊。池田幸子住进米花街小胡同，听说萧红在重庆后，马上邀她前来同住。一时找不到住处的绿川英子夫妇，也受邀住了进来。

对于这三个久别重逢的女子而言，他乡萍聚也是一段愉快而悠闲的时光。绿川英子此时见到的萧红，已经从生育的阴霾中慢慢走出，"是一个善于抽烟，善于喝酒，善于谈天，善于唱歌的不可少的脚色"。然而与池田幸子、绿川英子共住了几天后，因为端木蕻良工作繁忙而疏于照顾自己，萧红就又回到了歌乐山上。显然在她的心里，端木蕻良的份量还是更重的，也可见他们当时的感情相当和谐。因此，好友绿川英子不无遗憾地回忆道："后来，萧红就离开我们，和端木去过新生活了。"

萧红在重庆的生活是颇不寂寞的，1938 年 12 月 22 日，萧红在端木蕻良的陪同下，接受了苏联记者罗果夫关于鲁迅先生的采访。蛰居于歌乐山上的萧红，请了保姆处理家政，自己则潜心创作，写出了讽刺小说《逃难》，还有《山下》《莲花池》等短篇小说，1939 年春天完成了《滑竿》《林小二》《长安寺》等散文。

胡风夫妇来到重庆后，萧红和端木蕻良也常来看望。1939 年春天，胡风夫妇接到萧军从成都寄来的信，里边夹着一张新婚合影。这张照片中，萧军和王德芬脸上洋溢着喜悦和幸福，在黄河岸边亲密相拥而坐，面前站着一只狗。照片背面写道："这是我们从兰州临行前一天在黄河边'圣地'上照的。那只狗是我们底朋友……"有一次萧红来访的时候，梅志不假思索地从抽屉取出来给她看。萧红仔仔细细、反反复复地看着信和照片，她终于彻底失去了曾经相濡以沫的爱人！她痛苦地沉默良久，然后逃也似的匆匆离去了。

端木蕻良在重庆的工作非常辛苦，他在一江之隔的沙坪坝编辑《文摘》战时旬刊，又要赶到北碚对岸的黄桷树镇去复旦大学上课。每天早晨四五点钟就得赶小轮船到北碚，然后摆渡过江到黄桷树镇，劳累奔波自不必说，过江还常常发生翻船事故。萧红担心他的安全，只许他坐汽车由大货轮摆渡，但汽车绕行很远，花在路上的时间更长，而且要预订好返程的票，否则往往坐不上，这样就造成诸多不便。

1939 年秋，端木蕻良和萧红搬到黄桷树镇，住进一座二层小楼。邻居多是复旦大学的教授,萧红也成为名副其实的教授夫人。端木蕻良事务繁忙,授课、编刊物、创作,整个就是日夜连轴转的机器。1939年初,端木蕻良应香港戴望舒之邀,撰写长篇小说《大江》,在《星岛日报》副刊《星座》上开始连载。戴望舒来信索要他亲笔题写的小说篇名,萧红看信后提笔顺手在毛边纸上写下"大江"二字,端木蕻良觉得不错,就直接将萧红的题字寄给了戴望舒。晚年的端木蕻良回忆道,"(萧红的题字)没我写得好,但为了留个纪念,她就为我题了刊头,其实我认为她的字很好的",可见他们之间是亲密而默契的。

《大江》连载到第七章时,端木蕻良病倒了。他想写信告诉戴望舒,在《星岛日报》上登载启事说明"作者生病暂停",但报纸方面来信说千万别停,萧红见状,就要求由她来代续。萧红代写的部分,风格与端木蕻良迥然不同。但在夫妇俩的共同努力下,这部近14万字的小说,最终于11月24日连载完。为了纪念两人的共同劳动,出单行本时端木仍然保留了萧红这部分文字,也是这对作家夫妇间的一段趣话了。

这一阶段的创作,端木蕻良显然比萧红更丰富。1939年12月,端木蕻良不仅同时写两部长篇小说《大江》和《新都花絮》,还在上海杂志公司出版了他的短篇小说集《风陵渡》。骆宾基的《萧红小传》里写到一件事:萧红与前来看望的作家曹靖华谈天,曹靖华注意到端木的《大江》原稿上有萧红的字迹,便很诧异地问萧红:"为什么象是你的字呢?"萧红说那是她替端木抄写的,曹很坦率地说:"你不能给他抄稿子,他怎么能让你给抄呢?不能再这样。"但端木蕻良后来对这件事此予以了否认:"我们从来没有互抄过稿子,因为我们抄稿子时都随抄随改。"

除了贤良能干的"花袭人"、锦心绣口的"林黛玉",萧红还要扮演的角色是八面玲珑式的"薛宝钗"。落落寡合的端木蕻良,不像萧军一样交游广阔,是个宅家的男子,"有些大孩子气,偶尔会撒一下娇"。其实这也没有什么不好,可惜他娶的不是杨绛这样"最才的女,最贤的妻",毫无怨言地把一切都大包大揽下来。萧红的反抗精神是坚强的,然而性

格却是柔弱的，她追求个人的生命价值，但仍然愿意做个小鸟依人、无忧无虑的妻子。

在他们楼上邻居——作家章靳以的散文《悼萧红和满红》中，写到了对他们夫妻的印象：

> 据在炎阳下跑东跑西的是她，在那不平的山城中走上走下拜访朋友的也是她，烧饭做衣裳是她，早晨因为他没有起来，拖着饿肚子等候的也是她。还有一次，他把一个四川泼刺的女佣人打了一拳，惹出是非来，去调解接洽的也是她。我记得那时她曾气忿忿地跑到楼上来说："你看，他惹了祸要我来收拾，自己关起门躲起来了，怎么办呢？不依不饶的在大街上闹，这可怎么办呢？"又要到镇公所回话，又要到医院验伤，结果是赔些钱了事，可是这些又琐碎又麻烦的事都是她一个人奔走，D一直把门关得紧紧的，正如同她所说的那样，"好像打人的是我不是他！"

自然，章靳以所写的都是琐事，细节的疏忽，不应当成为负心的罪证，否则洪洞县里必无好人了。一场无足挂齿的人际纠纷，当事人避开也是正常的，毕竟教授和农妇争吵有失身份，也没有必要。无论是友人还是爱人，出面调解一下都是正常的。然而在一个堂堂教授的笔下，居然能够成为轩然大波，并成为攻击端木蕻良人品的罪状，这难道不是笑话一桩吗？人都是经不起放大镜检视的，端木蕻良虽然有这样那样的性格弱点，但至少不会有家庭暴力，也不会在情感上背叛她。他欣赏、鼓励和支持萧红从事她视为宗教的文学事业，这才是更重要的吧。对于萧红这样纤细敏感的人来说，稳定的感情和家庭，才是她后来能够在文学上再度进入《呼兰河传》辉煌期的保障。

李碧华说："每个女人心中，都有一个法海，一个许仙。"任是多么年青而无畏的女子，都希望找到自己可以依靠的男子吧。然而在这一点上，端木蕻良显然让萧红有点失望了，但这又何尝不是她天真幼稚的幻想呢？萧军和端木蕻良是截然不同的男子，一个是"你可以消灭我，但你不能打倒我"的桑地亚哥式硬汉，一个是生于绮罗丛中、娇生惯养的贾宝玉般的大家少爷，然而他们都是才华横溢、雄心壮志的男子，这就决定了他们会投身波澜壮阔的时代潮流，不可能为萧红而完全牺牲自己的人生理想。人的本性毕竟是自私的，谁又能为谁牺牲一切？萧军曾经这样形容过他与萧红的关系：

> 健牛和病驴，如果是共同拉一辆车，在行程中，总要有所牺牲的，不是拖垮了病驴，就是要累死健牛！若不然，就是牛走牛的路；驴走驴的路……

可见，即使是身强力壮的萧军，也未必愿为萧红的人生负全部责任，何况是亟需他人照料的端木蕻良呢？萧红是喜欢倾诉的，但对于别有用心的人来说，无疑是破坏夫妻关系的重要材料。面对自己所爱的人，她是那么容易依赖。当年与萧军的诸多通信，可见她内心的脆弱和对爱人的依恋。萧军曾经借红楼女子表达过对萧红的不满：

> 我爱的是史湘云或尤三姐那样的人，不爱林黛玉、妙玉或薛宝钗……

萧红与端木蕻良的婚姻，也无非如此。世路乱离，朝不保夕，端木蕻良是一个从小养尊处优的公子哥儿，兼患风湿瘫痪症，行动不便，习惯了让"花袭人"式的妻子伺候他，屋漏又逢连夜雨，碰上萧红后期亦是身体衰弱，"我们不能共患难"的概率真是太大了！乱世中的夫妻情缘，其实更像是大难来临时的同林鸟，各自飞去是分分钟的事，能够相守就是一件不容易的事了，怎么能够斤斤计较呢？萧红后来对骆宾基说：

> 我知道，和萧军是一个问题的结束，和端木是另一个问题的开始。
>
> 我为什么要向别人诉苦呢！有，你就自己用手掩盖起来。一个人不能生活得太可怜了。要生活得美，但对自己的人就例外。
>
> （骆宾基《萧红小传》）

在生活层面上，萧红显然有脆弱的一面，林黛玉式的女性思维，意味着多愁善感，容易沉浸于自我的内心感受，陷入"一年三百六十日，风刀霜剑严相逼"的小心眼里。国学大师张中行论婚姻，认为可以分为四个等级——"可意，可过，可忍，不可忍"。也许幸福一开始都是相似的，然而这块婚姻的石头，却会在生活流水般的冲刷中慢慢变化，从皆大欢喜的"可意"，到随遇而安的"可过"，再或许是相对无言的"可忍"，严重触犯底线的便成了两败俱伤的"不可忍"。对于萧红而言，理想是天上的阳光，自由是呼吸着的空气，爱却是生命不可或缺的水源。日常的琐屑得不到合理的解决，也难免聚成怨气。爱与怨，往往只有一线之隔，缺爱的心，便化作沙漠里的仙人掌，长出的是一根根刺了。

在《红楼梦》的女儿中，史湘云是典型的男性思维，意味着宏阔疏朗、不计小节。"幸生来，英豪阔大宽宏量，从不将儿女私情略萦心上"的宽宏度量，使她能够含笑面对寄人篱下的辛酸艰难；而"好一似，光风霁月耀玉堂"的潇洒胸襟，使她能够不断拂落世俗的尘埃，回归纯真质朴的本心。正因为林黛玉式的细腻敏锐，才成就了萧红对生活的深切体察，形成她想象独到而细节丰富的文字特色。而在文学主张和行为处事上，萧红也自有史湘云般光风霁月的一面。

卷六
个人价值篇

（十七）高天飞鸟

——从《敬告青年》看萧红的独立人格

我的胸中积满了沙石，

因此我所想望着的只是旷野，

高天和飞鸟。

——萧红《沙粒》

　　20世纪初的中国，紧闭的国门已然被西方列强的大炮轰开，在被侵略的耻辱里，民主自由的文明理念，犹如汹涌澎湃的海水涌入钱塘江，蔚然成为大观。历史的江河浩浩汤汤，承载着哲学与文学的舟楫前行，一程程惊涛拍岸、激荡起无数浪花。在救亡图存的号召下，民族主义和自由主义的思想浪潮席卷了进步的知识界。

　　"弄潮儿向涛头立，手把红旗旗不湿"。谋取独立自主的民族解放运动，与追求自由平等的个性解放运动，成为五四运动高扬的两面精神风帆。1919年，陈独秀在《新青年》杂志发表的《敬告青年》一文中提出：

　　解放云者，脱离乎奴隶之羁绊以完其自主自由之人格之谓

185

也。我有手足，自谋温饱；我有口舌，自陈好恶；我有心思，自崇所信；绝不认他人之越俎，亦不应主我而奴他人：盖自认为独立自主之人格以上，一切操行，一切权利，一切信仰，唯有听命各自固有之智能，断无盲从隶属他人之理。

五四思想启蒙运动，提倡张扬个性，树立主人翁意识，致力于批判封建教条，大胆抨击社会各种弊端。主体性不断增强的新作家群体，以理性思考作为独立人格的基础，在经济上追求自食其力，在精神上渴望民主平等。这种崭新的人文情怀，推动着30年代的中国文坛，进入现代文学的黄金岁月。

辛亥革命的失败，袁世凯的复辟，促使众多的热血青年向往苏联式的无产阶级革命。1930年3月2日，鲁迅、夏衍、田汉、郁达夫等40多位作家在上海集会，成立了中国左翼作家联盟。左联的活动，以创办进步刊物、培养写作新人、翻译外国作品、研究文艺理论为主。由于一批共产党员也是其中的骨干力量，常常利用文艺进行进一步的革命宣传，因而遭到国民党的严厉查禁，连鲁迅也被当局长期通缉。

人在自己的一生中，会遇见怎样的导师和伴侣，有偶然性也有必然性。萧红在萧军与鲁迅的先后引领下，所参加的文艺活动，显然都具有左倾性质。在萧红逃婚失败、困居旅馆的时候，她仍然以自己文学的才华和大胆的言论打动了《国际协报》的编辑，也如火花般迅速燃起了萧军的热情。他们同样是富有反抗气息、不惧艰危困苦的文学青年，这种"同是天涯沦落人"的惺惺相惜之感，让他们在追求自由与梦想的道路上，携手走过了数年志同道合、琴瑟相和的美好光阴。

正是在萧军和他周围以金剑啸为主的革命团体"牵牛坊"的带动下，哈尔滨时期的萧红，以"悄吟"的笔名发表的第一篇小说《王阿嫂的死》，批判的矛头直指地主欺压、残害农民的现实。她的作品，大多发表在抗日爱国作家组织创建的报纸副刊上，如"大同俱乐部""夜哨"等，具有鲜明的进步气息。也因为如此，二萧自费出版的第一部合集《跋涉》十分畅销，但也几乎一问世就遭到日伪当局的查禁。二萧这双子星座的出现，轰动了沦陷初期的东北文坛，萧红也成为沦陷区第一位著名的女作家。正如姜德明在《鲁迅与萧红》里所评价的：

> 萧红的初期创作，留给人们一个鲜明的印象：她的创作倾向是健康的，一开始就同劳动人民的生活和民族的自由解放联系在一起。这是非常可贵的。

而早在新式学堂的中学中，接受过五四思想熏陶的少女萧红，就已经走在民族的反日示威游行的队伍中了：

> 那时候，我觉得我是在这几千人之中，我的脚步，我觉得很有力。凡是我看到的东西，已经都变成了严肃的东西，无论马路上的石子，或是那已经落了叶的街树。反正我是站在"打倒日本帝国主义"的喊声中了。
>
> （《一条铁路底完成》）

1937年回顾学生时代的革命活动时，萧红认为群众的自发抗日行为，还是带有愚昧的性质，往往被当权者所利用，最后不了了之。然而辛克莱式尖锐而切实的社会批判，却揭开了底层人民生存的真实面纱，产生了更为深远的影响：

> 在那个时节，我读着辛克莱的《屠场》，本来非常苦闷，于是对于这本小说用了一百二十分的热情读下去的，在那么明朗的玻璃窗下读。因为起早到学校去读，路上时常遇到戒严期的兵士们的审问和刺刀的闪光。结果恰恰相反，这本小说和中苏

战争同时启发着我，是越启发越坏的。

（《一九二九底愚昧》）

萧红《生死场》的写作，便是深受辛克莱的启发。著名文艺评论家胡风在《〈生死场〉读后记》中写道："这本书，不但写出了愚夫愚妇底悲欢苦恼，而且写出了蓝空下的血迹模糊的大地和流在那模糊的血土上的铁一样重的战斗意志的书，却是出自一个青年女性底手笔。在这里我们看到了女性的纤细的感觉，也看到了非女性的雄迈的胸境。"对于有文学天赋的萧红来说，看清自己的位置，发挥自己的能力，像鲁迅一般坚持以笔为剑的战斗，更能够解剖人性的蒙昧本质，唤醒国人沉睡的灵魂。

萧红一生的流离失所，与日寇的铁蹄和动荡的时局不无关系。由于日伪政权推行的法西斯文化专制主义，1934年他们被迫从哈尔滨逃难到青岛；由于国民党蓝衣社逮捕老朋友舒群的白色恐怖，几个月后他们被逼从青岛避难到上海。1937年，由于"七七"卢沟桥事变爆发，他们与上海的一些文艺工作者撤离到武汉。1938年1月离开武汉去山西临汾民族革命大学任教；2月随丁玲领导的战地服务团乘火车去西安；4月初回到武汉；9月中旬离开武汉去重庆。

这样密集的奔波，对于一个健康人，都难以承受，何况一个孕妇呢？而日军不分昼夜地轰炸武汉、重庆，更会在一个弱女子心理上形成巨大的恐惧感，这与战时的社会下层人民的普遍生活无疑是息息相通的。萧红从未在战乱中放下自己的笔，在女性身体所带来的沉重负担和时代造就的苦难氛围中，坚持着她自己的创作理念。"小人物"的悲哀与呼喊，始终是她着力表现的主题，"弱势人生"蕴蓄的人性之美，与"抗战口号"带来的昂扬气势中，萧红更倾向于突出前者，而仅仅把抗战作为一个浓重而深远的背景。

1938年的武汉，在日军战机不断投下的炸弹硝烟里，萧红面对危难的达观精神，令人不得不叹服。只要有了可以患难相扶的朋友，和一个简陋的容身之地，她就能够在走廊口的地铺上，又开始自己的文学创作。她于 8 月 6 日完成了一篇近八千字的短篇小说《黄河》，半个月后，又完成了约三千字的短篇小说《汾河的圆月》。这两篇小说，都基于抗战的背景，表达了萧红对时局的感受与思考。《黄河》的开篇，写景颇有震撼力：

悲壮的黄土层茫茫的顺着黄河的北岸延展下去，河水在辽远的转弯的地方完全是银白色，而在近处，它们则扭绞着旋卷着和鱼鳞一样。帆船，那么奇怪的帆船！简直和蝴蝶的翅子一样：在边沿上，一条白的，一条蓝的，再一条灰色的，而后也许全帆是白的，也许全帆是灰色的或蓝色的，这些帆船一只排着一只，它们的行走特别迟缓，看上去就像停止了一样，除非天空的太阳，就再没有比这些镶着花边的帆更明朗的了，更能够眩惑人的感官的了。

……

早晨，太阳也许带着风沙，也许带着晴朗来到潼关的上空，它抚摸遍了那广大的土层，它在那终年昏迷着的静止在风沙里边的土层上用晴朗给摊上一种透明和纱一样的光彩，又好像月光在八月里照在森林上一样，起着远古的，悠久的，永不能够磨灭的悲哀的雾障。在夹对的黄土床中流走的河水相同，它是偷渡着敌军的关口，所以昼夜的匆忙，不停的和泥沙争斗着。年年月月，日日夜夜，时时刻刻，到后来它自己本身就绞进泥沙去了。河里只见了泥沙。所以常常被诅咒成泥河呀！野蛮的河，可怕的河，簇卷着而来的河，它会卷走一切生命的河，这河本身就是一个不幸。

（《黄河》）

　　这篇小说的宏阔视野，有着粗莽时代与远古历史的交融，可以视为萧红精神世界强大的表征。在民族的危难面前，她完全忘怀了自己身怀六甲、寄人篱下的困窘处境，将悲悯的眼光投向同样在天灾人祸中挣扎的无数同胞。这种知识分子"民胞物与"的情怀，恰如清凉的月光，洒在了她的字里行间。萧红对战局是无畏而乐观的，她在小说中写道：

　　　　奔向同蒲站的兵士，听到背后有呼唤他的声音："站住，……站住……"

　　　　他回头看时，那老头好像一只小熊似的奔在沙滩上："我问你，是不是中国这回打胜仗，老百姓就得日子过啦？"

　　　　八路的兵士走回来，好像是沉思了一会，而后拍着那老头的肩膀："是的，我们这回必胜……老百性一定有好日子过的。"

　　然而，萧红的思考也是多层次的，并非一味充当歌颂抗战的吹鼓手。在她心里，战争对于普通民众的伤害，始终高于抗战的主旋律。完成于8月20日的《汾河的圆月》，就是一个留在后方的老母亲因为儿子在前线病死而伤心致疯的故事。那发疯的母亲不停地念叨着儿子，埋怨着儿子，等待着他的回来，因为那是她相依为命了几十年的活生生的命根子啊！小说结尾，老母亲孤独地对着天地思念儿子：

　　　　汾河永久是那么寂寞，潺潺的流着，中间隔着一片沙滩，横在高高城墙下，在圆月的夜里，城墙背后衬着深蓝色的天空。经过河上用柴草架起的浮桥，在沙滩上印着日里经行过的战士们的脚印。天空是辽远的，高的，不可及的深远在圆月的背后，在城墙的上方悬着。

　　　　小玉的祖母坐在河边上，曲着她的两膝，好像又要说到她的儿子，这时她听到一些狗叫，一些掌声。她不知道什么是掌声，她想是一片震耳的蛙鸣。

一个救亡的小团体的话剧在村中开演了。

然而，汾河的边上仍坐着小玉的祖母，圆月把她画着深黑色的影子落在地上。

（《汾河的圆月》）

世事纷乱如流水，而亲情却是天上那轮期盼永恒团圆的月亮啊。村中热闹的演剧场面，仿佛就是荒诞的时代投影，容不下一个渴望安宁静好的家庭。而那天上辽远的圆月，仿佛就是亘古以来人们无法自主的悲戚，只能看着它不断阴晴圆缺。《汾河的圆月》与《黄河》相比，虽然基调是悲观的，然而不正是从反面控诉了日寇的罪恶吗？

萧红是个敏感而执拗的女性，对社会压迫和文化霸权有着天然的反感，特别表现在对于民族主义和左翼思潮的抗争。这是她的卓异之处，也是对鲁迅精神的高度认同和自觉继承。鲁迅原先是左联执行委员，但他不愿陷入内部的无聊的纠纷，坚持留在外围战斗。因为左联作为进步组织，仍然出现了高踞众人之上的压迫者，鲁迅对周扬这样专断、横暴的"奴隶总管"深恶痛绝，曾经批评道：

有些手执皮鞭，乱打苦工的背脊，自以为在革命的大人物，我深恶之，他其实是取了工头的立场而已。

自由主义知识分子的立场，着重强调个体独立和思想自由的价值，也建立在群体与自我平衡的基础上。他们对民族危难的关怀，体现于关注现实的文学艺术中，而不仅仅是空洞的口号。但在三十年代的特殊历史环境中，左联的实际领导者，却以民族主义为号召，监督和役使他人，对于不听指挥者，动辄加以罪名，甚至以"实际解决"相威胁，企图消弭作家的个人意志。这种局面是萧红无法接受的，1936年鲁迅去世后，

她在日本写给萧军的信中，表达了自己的看法：

> 投主称王，这是要费一些心思的，但也不必太费，反正自己最重要的是工作。为大体着想，也是工作。聚合能工作一方面的，有个团体，力量可能充足，我想主要的特色是在人上，自己来罢，投什么主，谁配作主？去他妈的，说到这里，不能不伤心，我们的老将去了还不几天呵！

萧红十分推崇鲁迅的小说和杂文，她在鲁迅身上看见了截然不同的两面，也体现了她对鲁迅小说和艺术的深刻理解：

> 鲁迅的小说的调子是很低沉的。那些人物，多是自在性的，甚至可说是动物性的，没有人的自觉，他们不自觉地在那里受罪，而鲁迅却自觉地和他们一齐受罪。如果鲁迅有过不想写小说的意思，里面恐怕就包括这一点理由。但如果不写小说，而写别的，主要的是杂文，他就立刻变了，从最初起，到最后止，他都是个战士、勇者，独立于天地之间，腰佩翻天印，手持打神鞭，呼风唤雨，撒豆成兵，出入千军万马之中，取上将首级如探囊取物！即使在说中国是人肉的筵席时，调子也不低沉。因为他指出这些，正是为反对这些，改革这些，和这些东西战斗。

（聂绀弩《回忆我和萧红的一次谈话》）

作为一个有独立思想的作家，萧红在写作上有对大师的继承，也有她个人的体验和思维的创新。正是在民族主义的感召下，这些在"生死场"里挣扎的民众，在抗击外侮时同仇敌忾，成为了令她仰望的集体英雄：

　　鲁迅以一个自觉的知识分子，从高处去悲悯他的人物。他的人物，有的也曾经是自觉的知识分子，但处境却压迫着他，使他变成听天由命，不知怎么好，也无论怎样都好的人了。这就比别的人更可悲。我开始也悲悯我的人物，他们都是自然奴隶，一切主子的奴隶。但写来写去，我的感觉变了。我觉得我不配悲悯他们，恐怕他们倒应该悲悯我咧！悲悯只能从上到下，不能从下到上，也不能施之于同辈之间。我的人物比我高。这似乎说明鲁迅真有高处，而我没有或有的也很少。一下就完了。这是我和鲁迅不同处。

　　　　　　　　　　（聂绀弩《回忆我和萧红的一次谈话》）

　　萧红对鲁迅思想的继承与发扬，还体现在对女性命运的关注上。她以深切的内省式体验，超越了鲁迅清醒而冷峻的外部观照，使之互相辉映，构成封建思想奴役下女性生存的全景。评论家华岗在《鲁迅论妇女问题》中，以《祝福》中的祥林嫂、《离婚》里的爱姑、《伤逝》篇的子君，一步步展示了鲁迅思想的各个层面：对封建节烈观的批判，对男权社会的抨击，对女性取得平等经济权和话语权的呼吁。而萧红作为鲁迅欣赏的女性作家，显然在这一领域也有她的独特观察和思考，并且与大师也站在同一思想高度。

　　正如傅立叶所言："在任何一个社会中，妇女的解放可以作为一般社会解放的尺度。"在《生死场》与《呼兰河传》中，萧红清晰地呈现了东北女性的艰难生存场景：金枝在农村与城市中寻求生存出路的血泪，月英、李二婶子等挣扎在毫无保障的生育与疾病间的苦楚，小团圆媳妇和王大姐束缚在封建教条和看客眼光下的悲惨。这些看似平凡的生活场景，不也鲜明地表现了女性在畸形的社会、家庭和文化中受围困的悲剧吗？

　　萧红在小说的表现艺术上，有着令人赞叹的细腻笔触和独特视角。《黄河》以磅礴大气的场景和船工的所见所闻震撼人，《汾河的圆月》以

一个失子母亲的哀怨，控诉了战争的残酷；《花狗》从一只受冷落而死去的狗身上，看出了亲情断裂的痛苦；《朦胧的期待》以保姆李妈对心上人的期盼，表达了对战争胜利的渴望；《莲花池》中祖孙的双重视角，则展现了在日寇铁蹄下盗墓者的艰难求生和稚龄儿童鄙视汉奸的民族主义情怀。这些日常琐碎的民族悲剧，所产生的震撼人心的艺术力量，难道就比抗日战场上的冲锋口号差吗？

萧红的文学理念，以坚持继承鲁迅启蒙思想的卓立姿态，超越了救亡图存的时代要求，那正是她追求的理想境界，也是她的作品超越时代的原因。她是寂寞的，坚持自我创作理念、反叛主流意识形态，注定了她要承受"拣尽寒枝不肯栖"的孤独。

1938 年 1 月的座谈会上，有人认为留在后方写不出反映抗战生活的作品，萧红反驳道："我看，我们并没有和生活隔离。比如躲警报，这也是战时的生活……"她接着举了例子："譬如像我们房东的姨娘，听见警报响就骇得打抖，担心她的儿子，这不就是战时生活的现象吗？"到战场上直接体验抗战生活，还是在后方也可以坚守思想阵地，是萧红与胡风在文艺座谈会上的辩论，显然她以自己的作品作出了响亮的回答。一株大河里的水草，在边缘的河岸和幽深的水底，同样也能够清晰地感知大河奔流的温度与力量啊。

1938 年春天，她到延安认识了丁玲，曾经同度风雨之夕，一起唱歌一起喝酒，但最后还是选择了离开。丁玲回忆道：

> 延安虽不够做为一个写作的百年长计之处，然在抗战中，的确可以使一个人少顾虑于日常琐碎，而策划于较远大的。并且这里一种朝气，或者会使她能更健康些。但萧红却南去了，至今我还很后悔那里我对于她生活方式所参予的意见是太少了！

然而，以当时萧红对丁玲敬而远之的态度来看，不可能接受留在延安的这个建议。独立之人格、自由之思想，正是萧红作为觉醒知识分子的风骨，也是她区别于当时许多左翼作家的独特之处。

1938 年 4 月座谈会上，与主流文学圈对话的时候，萧红也能够力排众议，坚持自己的观点。她鲜明地提出自己的文学主张：

> 作家不是属于某个阶级的，作家是属于人类的。现在或者过去，作家的写作的出发点是对着人类的愚昧。

1939 年 12 月，日机轰炸北碚，端木蕻良任教的复旦大学受到严重破坏，战争阴影又迅速笼罩了重庆。幸运的是，这次端木蕻良通过银行的朋友，订到了两张到香港的机票。

1940 年 1 月，端木蕻良与萧红从重庆匆促启程，飞抵香港。这次不告而别的离开，引起重庆文艺界一些人的猜疑，认为她在抗战最艰巨的阶段落伍了。但她在朋友张梅林的通信中解释了赴港的动机：

> 她的飞港颇引起一些熟人的谈论，后来她来信说明飞港的原因，不外想安静的写点比较长的作品，抗战以后她是只写了点散文之类的。其次，也是为了避开讨厌的警报吧。
>
> （张梅林《忆萧红》）

他们批评萧红脱离了群众性的抗日运动和阶级斗争，而陷入个人情感的泥沼。然而萧红却以我行我素的姿态，不但反叛了自己的家庭，也反叛了时代主流的声音。那时，作为成名作家，他们已与香港文艺圈建立了联系，在那儿有了经济来源。戴望舒主持的《星岛日报》副刊正在连载端木蕻良的《大江》，同时也刊登了萧红的抗日题材的作品《旷野的呼喊》《花狗》，以及《记忆中的鲁迅先生》。杨刚主持的《大公报》副刊也邀端木蕻良写《新都花絮》，准备连载。恰在此时，复旦大学教务长孙

寒冰又邀端木蕻良为大学设在香港的"大时代书局"主编一套"大时代文艺丛书"。避难写作的同时，又能够在事业上开辟新的天地，怎么就算得上局外人所鄙夷的"蛰居"呢？

作为一个女性作家，萧红用生命贴近现实，"对不幸者永远寄托着不可遏止的同情"，她观照着中国黑土地的荒凉风景和苦难人生，也观照着日寇铁蹄下普通民众的日常生活和苦痛心情。鲜明的自由主义立场、博大的民族主义情怀和激进的女性解放思想，将使萧红永远卓立于现代文学的殿堂中。

（十八）香江风云

——从佛陀彻悟真谛看萧红的孤独精神

> 绿色的海洋，
>
> 蓝色的海洋，
>
> 我羡慕你的伟大，
>
> 我又怕你的惊险。
>
> ——萧红《沙粒》

　　孤是古代王者的自称，独是独一无二的个体存在，孤独带给我们的，除了孤单，还有独立和自由。孤独让我们遗落世事繁华和世俗牵绊，袒露并接受真实的自己，获得内心的安宁和平静。正如佛陀步出王宫后，坐在菩提树下苦修，了断一切无明因缘，方证无上如来智慧。真正的孤独者是高贵的，当一个人面对自己的时候，才能彻悟生命的真谛。孤独者方是自由的思想者，因为他面对的是本真的自我，和一个全新的精神世界。

　　大部分人顺着命运的安排，走的是沿袭传统的旧路，会感受一马平川的顺利，也会遭遇平淡无奇的乏味；而探险欲强的人，走的则是罕有人迹的野径，会经历峭壁深壑的险阻，也会领略人所未见的美景。选择

特立独行的人生，需要付出的代价就是孤独。所以，大多数缺乏强大精神能量的人，最终都选择了走常规之路。葛浩文在《萧红评传》里认为：

> 萧红就是这一代中为了所谓现代化，不惜付出任何代价的一大部分人中的典型人物。遗憾的是他们那些人往往在身心方面都欠缺面对新方式的准备。对女性而言，这新的变革和考验是非常艰辛的，唯有那些最坚强的人才能安然无恙地渡过难关。

萧红的生命追求，既有对理想与自由的向往，又有对温暖与爱的渴望。生命的孤独呼唤着同伴，灵魂的自由却抗拒着异化。脆弱而敏感的内心，不停地在寻找一处安顿心灵的乐土；不屈而张扬的精神，却一直在探索与世界对话的出口。萧红的幸运在于，在苦难中依靠才华找到了生命的方向，她以写作的方式确立了自己与世界联系的桥梁。然而，四处漂泊、情感动荡之余，战乱频仍、健康每况愈下，成为她头顶愈来愈浓重的阴云。柳无垢（柳亚子的小女儿、萧红的好友）评论道：

> 一个年青的女人，投身在群众的运动中但又不能单独地站起来生活。经历了爱的创伤，萧红仍旧企图凭着新的爱情，来医治自己过去的创伤；想凭着这新的爱情，重新把自己建设起来，把自己的生活未来融汇进群众的生命和未来中。萧红想消极的驱除寂寞，驱除阶级的苦闷，遗忘做女人的悲哀，进而积极地成为一个战士。但是，也就像仅以男人的感情为自己生命之泉源，因而愈来愈把自己和群众的生活相隔离的女人底命运一般，萧红一再尝受人情的冷落。

在习惯了二萧传奇的朋友眼中，萧红决绝地与萧军分手之后，迅速地与端木蕻良坠入情网，甚至怀着萧军的孩子和端木蕻良结合，是一件不可理解的事情。骆宾基曾在病榻前问过萧红："你离开萧军，朋友们是不反对的。可是你不能独立生活吗？"萧红反问：

> 我为什么要独立生活呢？因为我是女人么？我是不管朋友们有什么意见的……我自己有自己的方式。

萧红坎坷的一生中，总是在寻找一个依靠，没有爱和温暖的生活是她无法想象的。由于父亲和继母的冷漠、祖父的亡故，萧红把人世温暖的希望很大程度上寄托于爱情和伴侣上。早在北京求学的时候，有一次李洁吾与她谈论友情与爱情时说："我认为爱情不如友情，爱情的局限性太大，必须在两性间，青春期才能够发生。而友情，则没有性别与年龄的限制，因而，是最牢固的。"萧红马上反驳："不对，友情不如伙伴可靠，伙伴有共同的前进方向，走的同一条路，成伙结伴，互相帮助，可以永不分离。"

这里的"伙伴"，所指的无疑就是人生伴侣，萧红是多么害怕孤立无援地面对冷酷的世界啊！友情当然也是重要的，在萧红困难的时候，有多少朋友也都为她伸出了温暖的手。在女友白朗的眼里，萧红是个"神经质的聪明人"，有忧郁、沉默、孤独的一面，跟朋友相聚也颇能尽欢，抽烟喝酒，聊天唱歌，样样合群。萧红的耿直和率真曾让比她年长七岁的丁玲感到吃惊。这个率真多情的女子，在少年时就敢与命运搏斗，与父亲反目，逃离封建家庭，乃至被永远驱逐出家族之外，那么坚强的个性，却不改琉璃般晶莹而易碎的本质。她冰雪聪明的才情，她坚韧执著的精神，能够赢得朋友们的赞赏和爱护，难道就不能给自己带来和谐安宁的婚姻生活吗？

无论是萧军还是端木蕻良，虽然个性迥异，在文学事业上却都是萧红志同道合的"伙伴"。如果说萧红与萧军分手源于背叛与屈辱，那么，

她与端木蕻良的婚姻是不是如朋友们所说的那么不堪？因为萧红的早逝，端木蕻良默默背负了来自左翼阵营的所有责难，譬如聂绀弩在回忆萧红时痛心的谴责："那大鹏金翅鸟，被她的自我牺牲精神所累，从天空，一个筋斗，栽到'奴隶的死所'上了！"

端木蕻良是个名副其实的贵族大少爷，的确不善于照顾别人。但萧红作为女性，与萧军同居时，不也一样承担了所有家务吗？那时候在跳动的微弱烛火下，为萧军誊抄《八月的乡村》稿子，难道就不是自我牺牲的"奴隶"，而是光荣的"革命助手"？从这可笑的两套标准可见，端木蕻良在左翼作家圈特立独行的边缘姿态，以及与萧红一致的自由主义立场，才是左翼作家发动集体攻击的主要原因。茅盾在《呼兰河传·序》中回顾道：

> 在1940年前后这样的大时代中，像萧红这样对于人生有理想，对黑暗势力做过斗争的人，而悄然"蛰居"多少有点不可解。

令人困惑的是，端木蕻良23岁就出手不凡，写出气势磅礴的《科尔沁旗草原》，被郑振铎先生誉为"预期必可震惊一世人的耳目"，在写作、教学和编辑等多方面才华卓异，为什么在却左翼阵营备受排挤冷落？端木蕻良在纪念鲁迅的散文《永恒的悲哀》里写道：

> 由于我的微小，由于我的不会说话，我常常是见不得人的。而我知道你逝世的消息，竟延至二十号的下午六时，我因为穷独裸：没有人走来告我的。又加腿疼，反胃，一天半没有出去吃饭。

可见他是性格内向、乏人关注的宅男，与豪爽开朗、广交朋友的萧军大不相同，竟然在体弱多病时，也无人照看。在《大地的海·后记》中，端木蕻良又反复提到：

> 由于我自己本身的穷，独，裸，我的文字是我很好的搭配，它正是先天性的裸，独，穷。

一个富裕地主家庭出身的少爷，怀着一颗赤子之心，毫无贵族的骄矜之气，同情着"美丽而纯良的母亲的被掠夺的身世"，以灌注着深情的生花妙笔，书写着母族那些匍匐在大地上的苦难生灵：

> 土地传给我一种生命的固执。土地的沉郁的忧郁性，猛烈的传染了我。使我爱好沉厚和真实。使我也像土地一样负载了许多东西。

孤独者是光荣者，端木蕻良从血脉中汩汩流淌的文字，是多么宝贵啊。他热爱东北的黑土地，土地赋予他深厚的写作内涵。为什么端木蕻良不能得到左翼文学界的尊敬呢？的确，在他坎坷而孤独的一生中，默默承受的委屈太多了。难道只是因为他的代表作太贴近土地，而没有奏响抗日的时代最强音？他在《我的创作经验》中谈到：

> 我的接近文学是由于我的儿时的忧郁和孤独。这种忧郁和孤独，我相信是土地的荒凉和辽阔传染给我的。在我的性格的本质上有一种繁华的热情。这种繁华的热情对荒凉和空旷抗议起来，这样形成一种心灵的重压和性情的奔流。这种感情的实质表现在日常生活里就是我的作人的姿态，表现在文章里，就是《科尔沁旗草原》《大地的海》《大江》《大时代》……

1940 年 1 月 17 日，萧红和端木蕻良从重庆到香港后，受到香港文艺界的欢迎。因为端木蕻良在《星岛日报》副刊连载《大江》的因缘，他们刚刚在孙寒冰处安顿下来，著名诗人戴望舒就上门造访。文字之交，最是神往已久，他们一见如故，次日戴望舒便邀请他们到自己的"林泉居"做客。"林泉居"是一幢背山临海的三层小楼，居室宽敞，环境优雅。戴望舒一家住在二楼，他和太太热情邀请端木蕻良和萧红搬来同住，但是端木蕻良来香港后，腿上的风湿病又发作了，在山坡上行走不便，只好婉拒了戴望舒的好意。

后来，孙寒冰获悉大时代书店隔壁有空房，建议萧红搬去那儿，便于端木蕻良编辑《大时代文艺丛书》。于是，萧红和端木到港就搬到了九龙尖沙咀乐道 8 号。他们还请了一位保姆前来打扫卫生，以便两人摆脱俗务羁绊，迅速投入到各自的写作中。

1940 年 1 月 30 日，叶灵凤主持的《立报》副刊《言林》特地发布萧红和端木蕻良来港的消息。2 月 5 日晚，中华全国文艺界抗敌协会香港分会（香港文协）在大东酒店举办会员聚餐会，对他们表示欢迎。4 月，萧红和端木蕻良以"中华全国文协"会员身份登记成为香港文协的成员。4 月 14 日，他们出席了香港文协换届大会，端木蕻良被选为第二届理事会成员，与施蛰存一起负责文协下设的"文艺研究班"。

萧红初期在香港的活动也十分频繁。1940 年 3 月 3 日，香港几所女校联合举办"纪念三八劳军游艺会"，当晚邀请萧红参加在坚道养中女子中学举办的"女学生与三八妇女节座谈会"。5 月 11 日，迁港的岭南大学"艺文社"师生，举办第一次文艺座谈会，便邀请萧红和端木蕻良前去讲演抗战与文艺的问题。端木蕻良在演讲中，也表达了对抗战文学的深刻见解。他强调过去的文艺传统，还就文艺创作中的公式化、软性文艺以及诗歌创作等问题，回答了学生们的提问。萧红则在长篇演讲中，强调和坚持了自己的文学观点：

　　在抗战的今日，我们应该努力，互相批判地写作。我们的文艺作品，应该比之普通人的常识更为深刻。抗战也有缺点，但我们要用文学把它的缺点纠正。文学除了纠正现实之外，还要改进现实。

　　作家未到过战场可以写作品吗？可以的。在后方的现实只要我们能深入地反映也同样有价值，因为抗战影响了全中国的每一个角落。譬如香港吧，香港不是有很多人在做救国工作吗？他们的工作也是与抗战有关的。

　　对于自己生活的阶层较为熟悉，你也可以写的。

　　我们要看清目前，但不要不注意过去。

　　当年的座谈会记录表明，萧红的文艺观点仍然迥异于主流思想，不但没有空喊口号，而且清醒认识到"抗战也有缺点"。在她后期的作品《马伯乐》中，就塑造了一个胆小怕事、满腹牢骚、愤世嫉俗的人物形象，体现了用讽刺性的文艺作品去"纠正现实，改进现实"的立场。由此看来，在萧红的心目中，对国民愚昧思想和人性弱点的剖析，才是文学作品思想性的衡量标杆。

　　1940 年 5 月 12 日，他们又出席了由"文协"香港分会和中国文化协进会联合举办的"黄自纪念音乐欣赏会"现场。不料 5 月底，就传来孙寒冰 27 日在北碚复旦大学校园里被日军炸死的消息，想到孙寒冰生前在重庆和香港时对自己的多方帮助，端木蕻良沉痛地写下《悼寒冰》一文，以寄托对亡友的哀思。如果没有及时离开重庆，他们恐怕也同样会仓猝地结束了自己的文学生命吧。

　　萧红虽然频频参加各种文艺活动，然而，远离那些曾经一起患难的至交，她心里始终弥漫着一种难以言说的失落。当战乱的威胁解除后，在这个宁静美丽的地方，乡愁开始像旺盛的野草，在萧红的心头生长起来，甚至让她产生了在冬天返回的念头。1940 年春天，她在给白朗的信中写道：

　　不知为什么，莉，我的心情永久是如此的抑郁，这里的一切景物都是多么恬静和幽美，有山，有树，有漫山遍野的鲜花和婉啭的鸟语，更有澎湃泛白的海潮，面对着碧澄海水，常会使人神醉的，这一切，不都正是我往日所梦想的写作的佳境吗？然而呵，如今我却只感到寂寞！在这里我没有交往，因为没有推心置腹的朋友。因此，常常使我想到你，莉，我将尽可能在冬天回去……

　　"离恨恰如春草，更行更远还生"，隔着时光的山脉，呼兰从遥远的北方蜿蜒而来，萦绕在萧红每一个寂寞的日子里。不用说流浪过的哈尔滨和北京，甚至是被日军轰炸的武汉和重庆，都有着当初相濡以沫的朋友啊。然而，萧红的思乡之心，不久就被接踵而至的谣言，狠狠地踩上了一脚。

　　1940年6、7月间，萧红和端木蕻良得知，胡风致信许广平，说他们是"秘密飞港，行止诡秘"。尔后，又听到更为险恶的说法，胡风在给艾青的信中，说汪精卫去了香港，端木蕻良也去了香港，并在香港安了一个"香寓"。因为他们的仓促飞港，各种流言蜚语在朋友间不断传来传去，绿川英子亦把他们的离开看作"谜样的香港飞行"。然而，时局的变化却恰表明了他们的先见之明，因为"皖南事变"后，香港成了许多文化人的避难所。胡风等人也在中共地下组织的帮助下，纷纷从重庆、桂林、昆明等地逃亡香港。

　　端木蕻良生性孤傲，一生从不理会流言，也从不为自己辩解。然而萧红作为敏感自尊的女性，显然无法克制自己倾诉和辩解的欲望。这一时期，她与自己信赖的华岗先生，书信频频往还。华岗是萧红在汉口等船票期间，在进步文艺界人士的聚会上认识的，当时在汉口任《新华日报》总编辑。萧红对他十分敬重，到香港后，于6月24日提笔给他写了第一封信，和他谈论自己的创作感想和计划：

我们虽然住在香港，香港是比重庆舒服得多，房子吃的都不坏，但是天天想着回重庆，住在外边，尤其是我，好象是离不开自己的故土的。香港的朋友不多，生活又贵。所好的是文章到底写出来了，只为了写文章还打算再住一个时期。

萧红还告诉华岗，自己身体不大好，"写几天文章，就要病几天"，"大概是自己体内的精神不对，或者是外边的气候不对"。心境寂寞的萧红，面对友人的流言，也在 7 月 7 日的回信中，毫不隐瞒地表达了对胡风主观臆测、随口乱说的反感：

我想他大概不是存心侮陷。但是这话说出来，对人家是否有好处呢？绝对的没有，而且有害的。中国人就是这样随便说话，不管这话轻重，说出来是否有害于人。假若因此害了人，他不负责任，他说他是随便说说呀！中国人这种随便，这种自由自在的随便，是损人而不利己的。我以为是大不好的。

华岗在重庆的大田湾乡下养病，仍然担心萧红的安危，热心为她分析今后的理想去向。萧红向他报告平安之后，接着感慨："远在万里之外，故人仍为故人计，是铭心感切的。"可知，萧红对于友情是何等看重。华岗劝慰她看开些，并表示愿意替她向胡风解释。但萧红显然受到端木蕻良的影响，不愿意再费口舌：

关于胡之乱语，他自己不去撤消，似乎别人去谏一点意，他也要不以为然的，那就是他不是糊涂人，不是糊涂人说出来的话，还会不正确的吗？他自己一定是以为很正确。假若有人去解释，我怕连那去解释的人也要受到他心灵上的反感，那还是随他去吧！

想当年胡兄也受到过人家的侮陷，那时是还活着的周先生把那侮陷者给击退了，现在事情也不过三五年，他就出来用同样的手法对待他的同伙了，呜呼哀哉！

世界是可怕的，但是以前还没有自身经历过，也不过从周先生的文章上看过，现在却不了，是实实在在来到自己的身上了。当我晓得了这事时，我坐立不安的度过了两个钟头，那心情是很痛苦的。过后一想，才觉得可笑，未免太小孩子气了，开初而是因为我不能相信、纳闷、奇怪，想不明白。这样说似乎是后来想明白了的样子，可也并没有想明白，因为我也不想这些了。若是越想越不可解，岂不想出毛病来了吗？你想要替我解释，我是衷心的感激，但请不要了。

萧红想和端木蕻良一样，把有限的精力放在正经事上，静下心来投入工作和创作中去。1940 年 6 月，香港文协举办为期两个月的文艺讲习会，端木蕻良与许地山、戴望舒、乔冠华等主持讲课。端木教授《本港文艺青年的写作问题》和《创作方法》课程，萧红则参与了少女时期就擅长的演讲活动。香港文协戏剧组准备用庄严的哑剧，将鲁迅先生一生的奋斗史表现出来，他们觉得萧红是最合适的编剧人选，因为她最熟悉先生的生活。萧红一开始有点为难，因为"鲁迅先生的一生，所涉之广，想用一个戏剧的形式来描写是很困难的一件事，尤其用不能讲话的哑剧"。但她还是责无旁贷地应承下来，还花了几个昼夜的时间，写出了剧本《民族魂鲁迅》，"用鲁迅先生的冷静、沉定，来和他周遭世界的鬼祟跳嚣作个对比"。也许，萧红的创作目的，也反映了她对待流言的态度吧。

这一年恰好是萧红的恩师鲁迅先生诞辰 60 周年，端木蕻良忙于协调组织纪念活动，并发表了《论鲁迅》《略论民族魂鲁迅》《论阿 Q》《论阿 Q 拾遗》等近 9 万字的系列文章。阳历 8 月 3 日这天，香港文协召开了纪念鲁迅先生诞辰 60 周年的庆祝会。在 8 月 3 日的纪念活动中，在孔圣堂举办的纪念晚会上演出的《民族魂鲁迅》，广受香港进步青年的欢迎。萧红则声情并茂地报告了鲁迅先生的生平事迹，内容"大部系根据先生自传，并参证先生对人所讲述者，加以个人之批评"。与此同时，她还创作了《回忆鲁迅先生》，记叙"先师鲁迅先生日常生活的一面"。

1940 年是萧红体力和精力不错的一年，在香港的社会活动比较频繁。在香港文协的领导下，萧红以空前的热情，为全国的抗战事业作出了自己的贡献。除此之外，萧红在安静的写作中，为自己塑造了一个隔绝喧嚣的天地，在温情而伤感的回忆里，重回那个曾经勇敢背叛过、决绝离开过的故土。1940 年 4 月，萧红完成了短篇小说《后花园》，然后把目光投向了从武汉就开篇的《呼兰河传》，并迅速进入厚积薄发的写作状态。她把思念的泪水，汇入了在梦乡里不断呼唤着自己的呼兰河。在远离故乡和旧游的孤独里，萧红又把自己化作那个活泼而调皮的女孩，用纯真而好奇的眼光，重新打量那些小时候就已熟悉的人物和故事。在 1940 年底，萧红终于完成了毕生的巅峰之作——2000 年被香港《亚洲周刊》评选为 20 世纪中文小说 100 强第九名的《呼兰河传》。

这里是碧海蓝天，在战争的惊雷轰炸之前，在身体的病痛摧毁之前，萧红像海鸥一样，在香江文化的风云际会里，自由地在文学的天空高高飞翔。

（十九）落红无言

——从李白《拟古》看萧红的生死哲学

我本一无所恋，

但又觉得到处皆有所恋，

这烦乱的情绪呀！

我咒诅着你，

好象咒诅着恶魔那么咒诅。

——萧红《沙粒》

　　所有的繁花都会凋谢，告别属于自己的那个季节；英雄与凡夫都会化为白骨，消失于无声无息的尘埃。在生命的河流里，有多少次起航的憧憬，就有多少次搏击的惊险；有多少回抵达的欢欣，就有多少回失望的落寞。而那些遇到的人啊，如水面掠过的轻帆，从眼前缓缓行来，又在身后匆匆远去，消失在你的视线里。

　　李白的《拟古》诗写道：

生者为过客，死者为归人。

天地一逆旅，同悲万古尘。

　　人从生的那一刻开始，就注定了是一场走向死的旅程。浮生种种际遇，本没有永恒，只有日月星辰可以永垂不朽。在人世奔波的路途中，多的是现实和精神的困境。自然与社会给予的种种磨难，人与人之间的恩怨情仇，自身不可避免的生老病死，如拉孔奥身上纠缠不休的毒蛇，一道又一道将人们紧紧围困。

　　丹麦王子哈姆莱特在面临杀父之仇、夺母之恨时，几次犹豫不决，痛苦地面临着"生存还是死亡"的抉择：

　　　　默然忍受命运的暴虐的毒箭，或是挺身反抗人世的无涯的苦难，在奋斗中结束了一切，这两种行为，哪一种是更勇敢的？

　　西方式的悲剧英雄，总是毅然"挺身反抗人世的无涯的苦难"，不惜在奋斗中结束生命，以毁灭为代价，去争取他们心目中的理想——正义、自由、爱情，在他人的眼里也虽死犹荣。敢于直面惨淡的人生，敢于正视淋漓的鲜血，这就是鲁迅所说的"真的猛士"吧。

　　东方的哲学一向是以儒家的"克己复礼"为基础的，"默然忍受命运的暴虐的毒箭"是最普遍的姿态。在余华的小说《活着》里，福贵的人生，前半生就代表着中国人之于幸运人生的无限放纵，后半生则是对于残酷命运的极致忍耐。但那并不是自由选择的人生，福贵不过是顺从命运的奴隶。

　　在萧红的笔下，东北呼兰小城的人民也和他一样，"蚁子似地生活着，糊糊涂涂地生殖，乱七八糟地死亡，用自己的血汗自己的生命肥沃了大地，种出食粮，养出畜类，勤勤苦苦地蠕动在自然的暴君和两只脚的暴君底威力下面"。然而民族危亡的时刻，反而把他们推上了时代的祭坛：

　　　　这些蚁子一样的愚夫愚妇们就悲壮地站上了神圣的民族战

争底前线。蚁子似地为死而生的他们现在是巨人似地为生而死了。

（胡风《〈生死场〉读后记》）

22 岁的年青萧红，一出手的作品，就已经站在了阶级和民族斗争的风潮浪尖上，然而她这部名作的传世价值，还在于对男性与女性的关系透视，以及生存与死亡的哲学思考。正如鲁迅作序时的评价：

这自然还不过是略图，叙事和写景，胜于人物的描写，然而北方人民的对于生的坚强，对于死的挣扎，却往往已经力透纸背……

（鲁迅《〈生死场〉序》）

面朝黑土背向蓝天的贫苦农民，忍着天与人的双重暴虐，受着饥饿和疾病的煎熬，在艰难中顽强求生。那怵目惊心的一幅幅图景，呈现着"生"的痛苦：月英的瘫痪、王婆的服毒、金枝的受辱，有多少人生的荒凉与女性的悲哀！萧红纤丽而大胆的笔触之下，呈现了人在自然与社会中最真实的生存状态，有着古今多少女性作家都望尘莫及的大气与悲悯！她以敏感而宽厚的心灵，贴近东北受难者的"生的痛苦"，在对暴虐者的反抗中呈现了"死的悲壮"。正如胡风所说：

这本（《生死场》）不但写出了愚夫愚妇底悲欢苦恼，而且写出了蓝空下的血迹模糊的大地和流在那模糊的血土上的铁一样重的战斗意志的书，却是出自一个青年女性底手笔。在这里我们看到了女性的纤细的感觉，也看到了非女性的雄迈的胸境。

（胡风《〈生死场〉读后记》）

萧红有着林黛玉一样多愁善感的性格，在坎坷曲折的一生中，经历了无数次生与死的挣扎、爱与恨的交织。她幽微难言的复杂心境，一如林黛玉的《葬花词》中所描摹的孤独与悲凉："一年三百六十日，风刀霜剑严相逼。明媚鲜妍能几时，一朝漂泊难寻觅。"在萧红留存下来的私人书信和诗歌里，也充满了对自身存在焦虑不安的体验，对复杂人性迷茫无措的感慨，和对高远人生坚持不懈的追求。

"愿侬胁下生双翼，随花飞到天尽头。天尽头，何处有香丘？未若锦囊收艳骨，一抔净土掩风流"。死，是必然的结局，因为一切有尽头，才倍加珍惜握在手中的光阴；生，需要顽强的意志，因为向着梦想前进的路途中，必然会经受无数不可预料的狂风暴雨。在生的挣扎中，不甘臣服环境与命运的孤傲性格、不愿安于狭隘与平庸的积极情怀，正是萧红最可贵的精神特质。

作为现代文学史上著名的"弃儿"，萧红命途多舛的人生，与她笔下的女性一样有着残酷的真实。当她怀着孕被抛弃在旅馆中时，曾经在人间地狱般的恐惧与虚无中，与受报社之托前来探访的萧军，探讨过"你为什么要活着"的话题。萧军反问她："那你为什么要在这世界上留恋着？"她答道：

> 这世界上，还有一点能使我死不瞑目的东西存在，仅仅是这一点，它还能系恋着我。

在被遗弃在世界边缘的时候，萧红仍然渴望抓住"生"的一根稻草，只要一缕温暖的微光，就足以让她坚守那一星信念的火花，继续奔着令她"死不瞑目"地追求着的自由和爱而去。而萧军与她一样，是有着流浪者乐观品质的人，不管现状如何不堪，也不管明天的道路是否泥泞，始终保持着生的坚韧："除开我不能抵抗的某种暴力之外——也不会使我自己去死掉啊！"（萧军《烛心》）在挣扎求生的路上，这是多么顽强的精

神！在这双把她从淤泥中塑造起来的手中，有过最初的温暖和爱，鼓舞她向着美向着好活下去。

当二萧战胜了在社会上穷困潦倒的困境之后，情感的危机让萧红又一次体验了"生"与"死"抉择的滋味。她是那么依赖这一点温暖，把他当作抵挡风暴的港湾，然而迎接她的是一次又一次背叛的打击。爱情并不保障永恒，破裂的情感给痴心女子带来的折磨，比商市街里饥寒交迫的贫苦更令人难以忍受。萧红终究是一个脆弱的女子，在失去亲情的护佑后，也不能没有爱情的支持而孤单地走下去。她没有萧军那样勇毅的性格，以死来解脱痛苦的心思，一次次在萧红的潜意识里浮现。

那时候，萧红对这个世界失去了信赖，"今后将不再流泪了，不是我心中没有悲哀，而是这狂飙的人间迷惘了我了"。然而端木蕻良的出现，带给了萧红新的希望。他有着避世离俗的孤傲清高，也有着需要伺候的少爷脾气，然而他有着贾宝玉般对女性的尊重与欣赏，这一点就已经足够了。生活是如此琐碎的一地鸡毛，怎么可能要求他处处周到完美？并非大富大贵的端木蕻良，为了保证夫妻的创作，无论在重庆还是在香港，家里都请了保姆处理卫生杂务，可见萧红在家庭中的处境绝不至于太低下。

从社会工作来看，端木蕻良在重庆和香港时都身兼数职，在大学里授课，主持杂志编务，同时创作了《新都花絮》《大江》等长篇小说，相对于在家养病、专职写作的萧红来说，事务自然繁忙得多。左翼作家们对端木蕻良众口一词的攻击，诸如疏懒怠惰、不负责任等说辞，实在是经不起事实检验的。而他因为腿部的风湿病痛，不能像一般男性一样扛起行李，也不能时常陪同萧红出去应酬，也不是什么无法原谅的过错。

爱情如同江河，有南北汇合的奔腾，亦有东西分流的平静，聚散终是平常事，然而毁灭了萧红的，究竟是什么呢？乱世的生存，对于所有人，都是巨大的灾难。在纷飞的炮火中，逃出家门的萧红，足迹几乎绕行了大半个中国。然而这片多灾多难的土地，没有给她留下一张安静的书桌。

萧红的身体从小缺乏精心照顾，在饥寒交迫之中，不合时宜的怀孕生产，又给萧红带来了巨大的困扰，自从萧红生下第一个孩子后，头痛、脱发、贫血、胃疼、肺病、妇科病等各种疾病便如影随形。动荡流离的年月，没有良好的医疗条件，只能依靠年青人的旺盛活力维持着生存。萧红曾经在给萧军的信中写道：

> 你亦人也，吾亦人也，你则健康，我则多病，常兴健牛与病驴之感，故每暗中惭愧。

由于与萧军情感的破裂，为了排遣孤独与焦虑，萧红经常烟不离手，还常常以酒浇愁，不断作践自己的身体。在军旅中历练得粗犷健壮的丁玲曾谈到对萧红的印象：

> 觉得有种很可怕的东西会来似的，有一次我同白朗说："萧红决不会长寿的。"不幸的是我的杞忧竟成了预言。

1941 年，萧红一边在家养病一边创作。然而南中国的湿热，使得潜藏的肺病猖獗地折磨着她的身体，不断的咳嗽更烦恼着她的精神。端木蕻良的风湿病，也在南来后频繁发作。安宁的写作，对于萧红来说，已经是一种奢侈。萧红拼命地逃离乱世的炮火，渴望寻找一方写作的净土，却又落入病痛的魔掌，生命是如此的无奈啊！

1941 年 1 月，"皖南事变"使国共关系再度陷于紧张，大批受国民党迫害的文化人南下香港。2 月 17 日，"文协"香港分会在思豪酒店举办茶会，欢迎史沫特莱、宋之的、夏衍、范长江等文化人士来港。萧红与史沫特莱并不陌生，她在上海经鲁迅介绍而结识了这个国际进步女作家，在武汉读过她的自传体小说《大地的女儿》，还发表过读书评论。史沫特莱于 1940 年 9 月来香港养病，住进全港最大的公立医院——皇后玛丽医院，出院后被香港大主教 Bishop Hall（中文名何明华）邀请到他的

别墅——林荫台，住在幽静的乡间疗养。由于这个渊源，1941年3月初，史沫特莱专程前来看望萧红。她认为萧红的居住环境太差，就把萧红接去何明华主教的庄园同住了一个月。

因为不放心同样有着风湿病痛的端木蕻良，一个月后萧红还是从林荫台别墅回来了，但与史沫特莱仍然保持着密切来往。1941年4月，史沫特莱又在玛丽医院住了三周，并介绍萧红到那里检查，治疗严重的头痛以及妇科病。1941年8、9月间，因为萧红常常失眠、咳嗽，热心的史沫特莱就送她去玛丽医院治疗，结果发现有严重的肺病。医生主张用氧气把已钙化的肺部已经结疤的患处吹开，彻底治疗肺结核。史沫特莱后来回忆道："我设法让她住进了玛丽皇后医院，并且不断以余钱接济她，直到香港沦陷。"

1941年5月，史沫特莱返回美国前给端木蕻良留下10篇小说，希望译成中文后发表。端木蕻良在随后创刊的《时代文学》上连续发表了三篇。史沫特莱也带走了他们的一些作品，准备在美国发表。萧红则托史沫特莱将一册《生死场》送给辛克莱，因为他的《屠场》《石炭王》等作品对自己有着深刻的影响。史沫特莱回美国之后，马上与这位萧红崇拜的作家取得了联系。

1941年6月，萧红收到美国作家辛克莱回赠的书，还有一封表示感谢的电报：

亲爱的红小姐：

我收到了由艾格尼丝·史沫特莱带给我的你的漂亮礼物和问候。我很赏识你的礼物，并对你送给我的礼物表示谢意。

我打算送给你我的一本书，你会对这部小说感兴趣的。同时随信寄去我最近写的几本小册子。

您忠诚的朋友

V·辛克莱

史沫特莱回国后，还与《亚细亚》月刊主编——海伦·福斯特取得联系，向她介绍了中国作家萧红和端木蕻良。海伦·福斯特来信向他们约稿，不久就在《亚细亚》9 月号上发表了她与别人合译的萧红小说《马房之夜》。由此看来，萧红绝不是一个孤僻的女子，她的豪爽坦诚，为她赢得了国际友人的青睐。史沫特莱在《中国的战歌》中写道：

> 一种在许多方面远比美国女性先进的中国女性正在炽热的战争铁砧上锻炼成型。一个这样的女人曾和我在霍尔主教乡间住宅共同生活过一个时期。她的名字叫萧红，她的命运有典型意义。

作为来港的知名作家，萧红是颇不寂寞的，她的病况得到了许多文艺界朋友的关心。柳亚子、于毅夫、周鲸文等都积极为他们分忧。柳亚子是著名爱国民主人士、南社诗人，他关注着文艺界的抗战，重视妇女解放，对有才华的女性尤其关注。柳亚子亲自介绍当地名医给萧红看病，还给萧红筹措了一笔 40 美元的住院费。当时担任香港东北救亡总会负责人的周鲸文，一向被萧红、端木夫妇视之为知己和恩人，他主张让萧红在医生好、设备全的玛丽医院住院治疗，并保证负责她的一切医疗开支。周鲸文回忆道：

> 11 月中旬，萧红进住玛丽医院，一切经过良好。端木常去看她，随时把情况告诉我，我也很安心。

1941 年 5 月，胡风在周恩来的安排下转移到香港。听说萧红在家养病，便前来看望。尽管有一些事关流言的不快，但毕竟是老朋友，萧红也理解他并非存心构陷，见了面仍然分外亲切。两人愉快地聊了些故人近况，萧红还兴奋地对他说："我们办一个大型杂志吧？把老朋友都找来

写稿子，把萧军也找来。"接着说："如果萧军知道我病着，我去信要他来，只要他能来，他一定会来看我，帮助我的。"萧红久病中的怀旧心情，恐怕已经无关风月，而只关故人的亲切了。

1941年6月1日，由《时代批评》社的周鲸文出资，端木蕻良主编的《时代文学》创刊。这是个标明以"荟萃全国作家心血，反映大时代的全貌，并介绍欧美文学的动向"为宗旨的刊物，当时实际上只有端木蕻良一人负责编稿，初出茅庐的年轻人袁大顿做他的助理。工作繁重紧张的当儿，端木蕻良还时常需要回家照顾萧红。就是这样简陋的条件下，《时代文学》先后发表过茅盾、柳亚子、巴人、许广平、曹靖华、夏衍、胡绳、华岗、刘白羽、臧克家、戈宝权、史沫特莱、萧红、孙瑜等人的稿件，可以想见端木蕻良的过人才华和工作能力。袁大顿在《怀萧红》中写道：

> 由于《时代文学》编务的关系，差不多我每天都要去九龙会端木蕻良。那时端木的腿部也正患着风湿瘫痪症，行动很迟钝，有好多次，我就是陪伴着他去采访萧红。……到了11月底萧红因为厌倦于医院的生活，又迁回尖沙嘴乐道的寓所里来了。但这时萧红的病像却越发沉重了，这时端木因为要陪侍着她和《时代文学》的编务，我因之便愈形繁忙起来，我到九龙城的机会便愈频数起来，因为端木走不开，所以那时他和她的好些事情，我都替他俩搞。……这时，来探候萧红的友人真多，比如茅盾、巴人、骆宾基、杨刚等都常来，我也替她俩来招待客人。有时，她神志不怎安，需要休憩了，我也替她权充挡驾来访的人的"门人"。

可见，在萧红最后一次入院前，端木蕻良还是强撑着病体，一边忙工作一边照顾病人的。柳亚子是南社著名诗人，1940年底从上海来到香港，在纪念鲁迅逝世五周年晚会上，端木蕻良告诉柳亚子将在 11 月出版的《时代文学》上刊出他的诗作，两人便结下相知之谊。有一次柳亚子探院，恰逢端木蕻良在榻前端药侍茶，便题写一诗：

> 谔谔曹郎莫万哗，温馨更爱女郎花。
>
> 文坛驰骋联双璧，病榻殷勤伺一茶。
>
> 长白山头期杀敌，黑龙江畔漫思家。
>
> 云扬风起非无日，玉体还应惜鬓华。
>
> （柳亚子《再赠蕻良一首并呈萧红女士》）

此时，病体虚弱的萧红已经陷入一种无可摆脱的孤独与无奈之中——医生骄傲冷漠，肺病久治不愈，丈夫忙于工作。在这样的病痛、落寞与苦闷中，萧红短暂逃离了医院。柳亚子是热心人，经常来看望萧红，陪她聊天，有时还带来盛开的菊花。他在日记里写到"女士嘱端木以笺招余，至则惊怖甚，谓：'病体不支，闻飞机声心悸弗可止。'余强颜慰藉之，悄然别去。……尝亲以电话邀余语，叠叠不休，余恐损病体，未敢多流连也。"

1941 年 12 月 8 日，太平洋战争爆发，日寇突然进攻香港九龙。当天上午，柳亚子仍去医院看望，对惶恐无措的萧红说："别急，一切都会好起来的。重要的是，把病养好。你怎么这样哭呢？我读过你不少作品，有力量。我相信你病后能够创作出更好的作品来。"柳亚子这样长者风范的朋友，给了萧红巨大的安慰，因而曾经流着眼泪在他的诗册上题写了一句——"天涯孤女有人怜"。　柳亚子见状，又不免沉吟题诗：

> 轻扬炉烟静不哗，胆瓶为我斥群花。
>
> 誓求良药三年艾，依旧清谈一饼茶。
>
> 风雪龙城愁失地，江湖鸥梦倘宜家。

天涯孤女休垂涕，珍重春韶鬓未华。

（柳亚子《赠萧红女士病榻》）

可惜萧红的病不是十天半月就能够治愈的，已经大半年内外劳碌的端木蕻良，终究不是铁打的金刚，在 12 月 6 日袁大顿回家结婚后，太平洋战争突然爆发，端木蕻良在于毅夫、周鲸文等友人帮助下，几经周折，把行动不便的萧红抬进了思豪酒店。大帅张学良的弟弟张学铭，听说东北籍的著名作家萧红无处安身，就自己另找了住处，让她住进了自己长期包租的酒店大房。

香港失陷后，港币停用，医院被封，店铺关门。兵荒马乱中，端木蕻良家里的女佣也早已逃难去了，他想办法找到了另一个帮手，就是内地来到香港的作家骆宾基。端木蕻良安排他在《时代批评》社住下，并在《时代文学》上停发了自己的《大时代》，转发骆宾基的《人与土地》，以便他有稿费维持生活。骆宾基投桃报李，答应留下来照顾萧红。骆宾基在《萧红小传》里写道：

1941 年 12 月 8 日一早战争开始，到 1942 年 1 月 12 日，是一个月零四天，包括从思豪酒店五楼的房间迁转皇后大道背后与书店职员宿舍相邻的一间就是白天也需电灯照明的缝纫铺的作业间，先后经过四次搬迁。这一个月零四天几乎与世相隔的生死相共的日日夜夜，我已经是憔悴不堪，疲惫不堪了。

这种日夜煎熬、疲惫不堪的经历，令骆宾基始终不能谅解端木蕻良，因为他逃避了作为丈夫的照顾责任。在这战乱和生死的危急关头，没有至亲在侧，萧红显然也是有怨恨的。她曾在医院写给端木蕻良一张字条：

我恨你，我恨你这许多天不来看我，再也不要来看我了。

端木蕻良在后面批注道：

> 达灵！你不要这样生气！养病不能生气，我这两天太忙，过几天一定来看你。

从他们商量给骆宾基《呼兰河传》的版权来看，端木蕻良是把年轻力壮的骆宾基当作临时看护的，没有来看她是因为工作忙碌，也有不耐劳碌的原因，但还算不上对萧红构成了恶意遗弃。

1942 年 1 月 10 日，萧红病情严重，被骆宾基送进养和医院。当日端木蕻良闻讯后也赶到医院去看护，在病榻旁哀哭："……一定要救你！"在骆宾基的《萧红小传》中，有这样的感人镜头：

> 我本来还想写些东西，可是我知道，我就要离开你们了，留着那半部"红楼"给别人写去了……你们难过什么呢？人，谁有不死的呢！总要有死的那一天，你们能活到八十岁吗？生活的这样，身体又这样虚。死，算什么呢！我很坦然的。

萧红还像姐姐一样劝慰骆宾基：

> 不要哭，你要好好的生活，我也是舍不得离开你们呀！萧红的眼睛湿润了，又低声说："这样死，我不甘心……"

由于医生误诊为喉瘤，被切开喉咙后，萧红的病情迅速恶化。1 月 21 日玛丽医院被日军占领，病人全部被驱逐，萧红被送进红十字会设立在圣士提反女校的红十字临时医院。不堪折磨的萧红，在医院里呼出了生命的最后一口气息。于 22 日上午 11 时许，结束了痛苦与挣扎的一生。命途多舛，尝尽辛酸，终究抵不过命运无常。年仅 31 岁的萧红，是带着

遗憾和不甘绝望离世的：

> 于蓝天碧水永处，留下半部《红楼》，给别人写了。

萧红是孤独的，十年的异乡漂泊，寂静的东北呼兰小城是她人生的起点，而战乱的香港孤岛成为她生命的终点。在战乱的阴影里，连正常的医疗条件也没有，日本陆军的突然占领，又隔绝了与端木蕻良和骆宾基的联系，终至无人照料而死亡。正如香港文艺界名士周鲸文在《忆萧红》中所写的：

> 萧红是一生反抗日本侵略，写出了《生死场》。最终，还是日本的侵略断送这位热情似火，嫉恶如仇作家的生命。

香江浩淼，残阳如血，一只折翼的孤鸿，从天际哀鸣掠过，划下一道短暂而璀璨的光芒。萧红不幸遭逢乱世，可谓生死都不由自主。匆匆而过的三十一年，让她来不及品尝自己十年奋斗的果实，就在病痛中含恨而逝了。

（二十）何人绘影

——从《美学散步》看萧红的余韵流响

朋友和敌人我都一样的崇敬，

因为在我的灵魂上他们都画过条纹。

——萧红《沙粒》

　　民国的时代魅力，和魏晋时期颇有相似之处。倾颓的大清王朝，酝酿了百家争鸣的变革意识；动荡的政治格局，催生了自由活跃的社会思想。这又是一个人的觉醒的时代，社会的震荡、文化的融合，从积极意义上说，不但更新了人们的传统思想，而且促进了个性解放。沐浴了欧风美雨的新知识分子，在人生道路的上下求索中，对生活和命运有了更深入的思考。对独立自由的"人"的呼唤，超越了战争带来的磨难，他们通过对个人价值的重新审视与充分肯定，重塑了内在自我与完整人格。于是，民国上承魏晋的文化精神，成为一个著名的思想解放时代。

　　宗白华在《美学散步》里评论道："晋人向外发现了自然，向内发现了自己的深情。""越名教而任自然"的魏晋风度，在民国仍然体现为"不拘于礼，叛逆传统"的生存姿态、和"不随流俗、不顾物议"的行为理念。萧红这样的新知识女性，孤身逃出富裕而刻板的封建家庭，勇敢

投入变革中的社会，无疑是因为更注重精神层面的自我感受。她的一生，都在追求理想境界中跋涉，无论是社会、文学还是爱情、婚姻。这种旁若无人的气度，使她在文学上有着迥异于他人的理念，走出了一条"任自然"的道路；而我行我素的倔强，虽然使她在感情的道路上有着"越名教"的颠沛流离，但始终追索着温暖与光明的"深情"。

萧红的生命，短暂而绚烂。在悲凉受难的脆弱躯体之上，飞扬的是放旷自然的强大灵魂。她的一生，永远定格在被战争和病痛摧残的悲剧里，然而，在旷达、真率的友情里，在痛悔、真挚的爱情里，萧红得到的是世间永不凋零的纪念花环。如果说，魏晋风流意味着一个时代的风尚，那么，我们在萧红离去后的友情和爱情里，仍然可以看见这样熠熠生辉的"人"。他们超越世俗的"玄心"、透视灵魂的"洞见"、宽容异端的"妙赏"、生死不隔的"深情"，使她仍然成为一个活在文字和历史里的幸运者。

第一个为萧红作传的友人，是在战乱时守护了她最后四十四天的骆宾基。他的原名是张璞君，是萧红胞弟张秀珂的友人。1942 年萧红去世时年仅 31 岁，骆宾基比她还小 6 岁。25 岁的骆宾基，把萧红当作了患难的姐姐，那份相濡以沫的情感是真挚的。在《萧红小传·修订版自序》中，骆宾基写道：

> 从 1941 年 12 月 8 日太平洋战争开始爆发的次日夜晚，由作者护送萧红先生进入香港思豪大酒家五楼以后，原属萧红的同居者对我来说是不告而别。从此以后，直到逝世为止，萧红再也没有什么所谓可称"终身伴侣"的人在身边了。而与病者同生同死共患难的护理责任就转移到作为友人的作者的肩上再也不得脱身了。

骆宾基对端木蕻良的谴责，显然因为后者没有与妻子"同生同死共患难"，因而在《萧红小传》中拒绝将他称为萧红的伴侣，而是称为"同居者"。抗战胜利后，时过四年，在内地安定下来的骆宾基，仍然无法忘怀早逝的萧红，他放下自己的文学事业，为萧红写下第一部纪实性传记。这是"为了摆脱由于她的巨星般的殒落而在精神上所给予的一种不胜悲怆的沉重负担"，也是由于走进萧红的精神世界，深深感染她的独特魅力后，而产生的景仰和惋惜之情。

《萧红小传》是骆宾基发自心底的文字，满怀着对萧红的深挚理解和同情。他对于萧红这个"姐姐"的认识，一开始是带着世俗偏见的。书中记录了萧红与他的谈话：

> 你的眼光就表明你是怎么把我来看的，这是我从前第一回见到你的时候，就感觉到的了。你曾经把我当做一个私生活浪漫的作家来看过吧，你是不是在没有和我见面以前，就站在萧军那方面不同情我？……你不清楚真相，为什么就先以为是他对，是我不对呢？做人是不应该这样对人粗莽。

坦诚率真的萧红，以女性的敏锐和作家的洞察，一下子就击破了骆宾基男性的傲慢与偏见，建立起了两人的姐弟情谊。骆宾基有着大山一样温厚朴实的品质，在危难的时刻，他是萧红最信任的朋友。

一次日军轰炸过后，疲惫已极的萧红"仿佛怕被人在紧张中抛弃"，在病榻上紧紧握住骆宾基的手，才慢慢地阖上眼皮睡去。骆宾基默默地陪伴一侧，须臾也不离开。醒来后的萧红，依然攥着骆宾基的手，依恋而感恩地对他说：

> 我现在最需要的就是友情的慷慨，你就是最慷慨的人。

骆宾基难得的地方，就是在极度的惊恐和劳累中，并不嫌恶萧红的依赖，他认为，"所有这些精神上的柔弱，只有我们在生活上遭遇到、感

觉到、思想到，才能理解的"。骆宾基以作家广博的悲悯情怀，凝成了与萧红的患难情谊，至今令人感叹！他的仗义相助，使萧红有了坚强生活下去的勇气，她在重病中仍然是乐观的：

> 对现在的灾难，我需要的就是友情的慷慨！你不要以为我
> 会在这个时候死，我会好起来的，我有自信！……送我到许广
> 平先生那里，就算是给我很大的恩惠，我不会忘记，我会健健
> 康康地出来。我还有《呼兰河传》第二部要写。

在骆宾基的笔下，她不是那个人们想象的哀怨自怜的女子，而是坦然地面对现实、骄傲地认同自己成就的萧红！她甚至还心情愉快地与病友分享苹果，开玩笑地说：

> 我们两个人，在世界上都是没有亲友关心的人，你若是不
> 陪我吃一片苹果，你会后悔的。要留一个记忆，说是那一年，
> 我和一个名叫萧红的人，在玛丽医院养病，我们一块吃着苹果。

骆宾基的回忆如此细致，可见与萧红一起度过的日子，除了服侍病人的劳碌、躲避炮弹的惊恐，亦不乏倾谈的知己之感。萧红的最后一篇小说《红玻璃的故事》，就是由她自己口述，骆宾基撰稿的。萧红坚持个性主义的文学选择，她对骆宾基说：

> 一个有出息的作家，在创作上应该走自己的路。有的人认
> 为小说就一定写得像托尔斯泰、巴尔扎克和契诃夫的作品那样。
> 我不相信这一套，其实有各式各样的生活，有各式各样的作家，
> 也有各式各样的小说。

在《萧红小传》中，令人感慨至深的，是萧红临终前在一张纸片上写的几句话：

> 半生尽遭白眼冷遇，……身先死，不甘，不甘。

回顾萧红的经历，也许最痛楚的，就是"白眼冷遇"吧。童年的阴影已经成为过去，与汪恩甲、萧军的恩怨也已经烟消云散，如今她感受最深切的"冷遇"，是不是来自患难未能相守的端木蕻良？骆宾基后来回忆了萧红的死因：

> 不是死于肺病，也不是死于气管扩张。今天来看，萧红是死于粘痰堵塞。这是由我因病住过半年之久的北京医学院附属医院，有了点医学知识，才肯定的。至于我离开后（回九龙去探看自己的寓所，目的是取回《人与土地》等稿件），究竟是因为日本陆军占领玛丽医院的刺激，还是因为另外有所矛盾，发生过甚么事，都不能作主观的推测。但是受外来的突然刺激而痰涌咽堵住了插在喉腔的铜管呼吸道而窒息以死，是确切不误的。而当时，临时医务站是既无医生也无看护。

也许就是因为这个原因，骆宾基终生与端木蕻良形同仇雠，甚至两人在桂林因为萧红还打过一架。在孙陵《我熟识的三十年代作家》一书《骆宾基》专章中写了这件事：

> 萧红逝后，骆宾基和端木转至桂林借住在孙陵的房子里，一日两人莫名发生激烈冲突，孙陵拦住挥拳扑向端木的骆宾基询问原委。骆说萧红是被端木气死的，并掏出一张纸条，其上萧红写着："我恨你，我恨你这许多天不来看我，再也不要来看

我了……"下面还有端木嬉皮笑脸的注:"达灵!你不要这样生气!养病是不能生气的,我这两天实在太忙,过几天一定来看你……"骆宾基还揭穿端木是眼见萧红快要死了,而忙着追周鲸文有钱的小姨子,并告知孙陵:"……最后他们离婚了!萧红答应病好了以后嫁给我!"而当骆宾基发现孙陵听后似乎在笑他时,很不好意思地红着脸说:"是真的!她说她爱我!"骆宾基出去后,端木亦找孙陵申辩:"你不要听他的!一个肺病第四期的人,躺在床上不能动,就算是爱他,怎么能表示出来?既不能拥抱,也不能接吻,又不会讲话!

这是孙陵后来在台湾写下的大陆回忆录,他的说法也并未得到当事人的认可。只是端木蕻良对这一段经历始终不作任何解释,后来他的第二任妻子钟耀群在《端木与萧红》里为他辩解:

端木一直在外面为萧红张罗医疗费,寻找安全的地方。

想来骆宾基连续44天照料病人,就已经心力交瘁,而端木蕻良身体有风湿病痛,社会事务又繁重,把萧红托付给年轻力壮的骆宾基后,忙于自己的工作,张罗萧红的医疗费,也情有可原。骆宾基因为萧红的缘故怨恨他,实际上端木蕻良待他也不薄,给他找住处、还发表他的长篇小说,让他可以在香港依靠稿费生活,后来与萧红商量,把《呼兰河传》的版税赠与骆宾基,报答他的辛苦。只是人的情绪有时候并非理智所控制的,萧红的怨念可以理解,而端木蕻良作为丈夫的陪伴,也不是骆宾基所能够代替的。

端木蕻良究竟是不是负心汉,在萧红病重时"忙着追周鲸文有钱的小姨子"呢?这不过是道听途说的流言,萧红死后后亦无任何迹象可追踪。但据端木蕻良回忆:有一个台风大作的夜里,玛丽医院突然打来电话告知萧红病危。他虽然难以置信，但也顾不了那么多，拖着一条病腿，说服已经躺倒睡觉的老艄公，冒险从九龙渡海到香港。赶到医院的时候，萧红正在好好地安睡。端木蕻良找护士询问究竟，却被告知打错了电话。萧红见端木蕻良连夜赶来也很诧异，如此风雨之夕，如此牵念爱人，也是难得的情义了吧？尽管他为了工作，不能把所有的时间和精力都奉献给她，也是值得感恩的了。

端木蕻良在萧红死后，把更深的痛苦留给了自己。在半年的沉寂荒芜后，他以儿童视角的《早春》、《初吻》表达了自己的悔恨，并把妻子的生平事迹创作成梨花大鼓，由当时桂林著名的女艺人董莲枝去传唱，可见他对萧红并非无情。1942 年 8 月 20 日，他请著名诗人柳亚子品题，柳亚子慨然作了一首长诗：

魏武人豪子桓劣，子建风流推第一。

江山文藻三千年，又见红楼一枝笔。

红楼血脉谁贯通？科尔草原生悲风。

黄沙大漠无穷际，善感缘情旷代逢。

承平非复康乾世，钗黛才华等儿戏。

黑龙王气黯然消，钟灵独数婵娟子。

婵娟自昔多坎坷，飘零异代宁殊科。

慷慨抛家入汉阙，当年意气倾山河。

山河可惜非完好，胡骑凭陵渡江早。

裙屐联翩访太行，雄冠剑佩称同调。

羽书前敌烽烟急，突围夜踏咸阳月。

遗憾桥陵拜未遑，鼎湖长念攀髯烈。

双栖从此又巴渝，滟滟江流入画图。

拥翠山城晨点笔，盘龙镜槛夜施米。

点笔施米都不俗，风波亭外风波恶。

海山飘渺岛扶馀，柔乡避地差安乐。

辛苦柔乡避地来，无端疾病竟成灾。

娇喘支床赢病骨，明眸忍泪识仙才。

仙才病骨逢君暮，渔阳鼙鼓魂惊怖。

鹑首钧天痛昊秦，升旗山上降幡竖。

芦中亡土正艰危，风雨潇湘死别哀。

一代红颜怜下葬，皓躯成骨骨成灰。

成灰成骨恩情重，山阳邻笛桓伊弄。

浅水湾头堕泪碑，七星岩畔相思梦。

梨园弟子董娇娆，宛转歌喉唱六朝。

谱就新声传恨事，有人珠泪湿红潮。

（《端木蕻良谱萧红事为梨花大鼓鼓词

以授歌女董莲枝索题赋此》）

萧红去世的消息传开后，她的好友都写了许多纪念诗文。1944年11月20日，香港的诗人戴望舒去看望萧红墓，写下一首《萧红墓畔口占》：

走六小时寂寞的长途，

到你头边放一束红山茶，

我等待着，长夜漫漫，

你却卧听着海涛闲话。

内地的友人，听到消息后，也无不痛心。许广平以景宋为笔名，写下《追忆萧红》，丁玲则在延安的窑洞里，写下了《风雨中忆萧红》。1956年12月5日，陈凡在《人民日报》副刊上发表了《萧红墓近况》，呼吁将"当时草草埋葬，既无碑石，又乏冢阜，只有一个用水泥围筑的圆圈"的萧红墓迁葬到内地，并题诗一首：

> 年年海畔看春秋，每过孤坟息旅筇。
> 黑水白山乡梦渺，独柯芳草旧情空。
> 沧波不送归帆去，慧骨长堪积垢封？
> 生死场成安乐地，岂应无隙住萧红！

（《萧红墓近况》）

聂绀弩与萧红是挚友，1964 年，萧红墓迁葬前回内地的广州银河公墓后，恰逢聂绀弩被打成"右派分子"。但他在自身备受迫害的"批斗"中，想方设法抽空南下，到银河公墓去祭拜萧红，写下四首七律：

萧红墓上

（一）

> 葡萄灵山玉女峰，暮春微雨吊萧红；
> 遗容不似坟疑错；稗字大书墨尚浓。
> 《生死场》栗起时懦，英雄树挺有君风。
> 西京旧影翩翩在，侧帽单衫觑小蓬。

（二）

> 支离东北兵戈际，转徙西南炮火中。
> 天下文章几儿女；一生争战与初终。
> 狼牙咀敌诗心盅，虎口修书剑气虹。
> 蒋败倭降均未见，恨君生死太匆匆！

（三）

> 奇才未也例奇穷，小病因循秋复冬：
> 光线无钱窥紫外，文章憎命到红中。
> 太平洋战轩窗震，香港人逃碗甑空。

229

天地古今此遥夜，一星黯落海隅东！

（四）

东风今已压西风，春在文园艺圃浓：

众鸟争鸣花笑里，百花齐放鸟喧中。

呼兰河畔花成浪，越秀山边鸟作钟。

万紫千红犹有恨，恨无叶紫与萧红。

（《七律·再扫萧红墓》）

　　第一首诗的"西京旧影翩翩在，侧帽单衫鬓小蓬"，回顾了与萧红在西安的交往。第二首诗"支离东北兵戈际，转徙西南炮火中"，完整地概括了萧红短促一生的遭遇，"天下文章几儿女，一生争战与初终"，则以对比手法评价了萧红的剑胆诗心。第三首诗"奇才未也例奇穷""文章憎命到红中"，表达了聂绀弩对萧红英年早逝的无比痛惜之情。第四首诗中的"万紫千红犹有恨，恨无叶紫与萧红"，乐景哀情，伤何如之！

　　就是劳燕分飞的萧军，在萧红死后，也流下了男儿不轻弹的眼泪。得到噩耗的那一天晚上，他在日记里写道："心情只是感到闷塞。我流了两次泪。对于她，我不是悲悼过去的恋情，只是伤怀她底命运。'我不杀伯仁，伯仁由我而死'，我不愿承担起这罪过和谴责。"

　　1978年9月28日，七十二岁的萧军写下了著名的《遥奠萧红墓》：

又是春归桃李浓，萧萧苦竹几篁筇？

天涯骨寄荒丘冷，故国魂招紫塞空！

芳草绵芊新雨绿，烟波浩淼乱云封。

乡心一片鹃啼血，十里山花寂寞红。

　　1979年，萧军看到当年与萧红居住过的青岛观象路一路一号小楼的

230

照片，写了两首七律。其中第二首回顾了他们的情感历程：

> 生离死别两浮沉，玉洁冰壶一寸心。
>
> 缘聚缘分原自幻，花开花谢罔怆神。
>
> 珠残镜破应难卜，雨走云行取次分。
>
> 尽有伯牙琴韵在，高山流水哪堪闻。

　　而端木蕻良回到内地后，每逢萧红的忌日，就会一个人跑到野地里躺一天，或与一两个好友到野外停食，以这种方式默祭。萧红去世十八年后，端木蕻良才与钟耀群结婚，五十岁方生下女儿。几十年间，他背负着"萧红死于端木蕻良之手"的骂名，但对这些污蔑之辞一概不理会，以"梦伴竹林为伍，耻于魑魅争光"自勉，投入到创作中去。每逢祭日，他便以诗词纪念萧红：

献萧红墓前
——丙寅清明寄羊城友人

> 兰溪西水水成雷，情比兰溪不可回。
>
> 每到清明春柳绿，萧红红陌杜鹃瑰。

（1981 年萧红逝世四十周年祭）

祭　萧　红

> 年年此日是清明，柳色如烟亦无声。
>
> 唯有半夜星作雨，珠光点点化泪倾。

（1989 年清明祭萧红，

寄广州黄力、黄燕娟夫妇祭扫萧红墓。）

祭　萧　红

年年此日是清明，细雨疏箫更无声。

历尽人间生死恨，双肩担石海能平。

（一九九三年清明）

1987年11月4日，75岁的端木蕻良与钟耀群一起到广州祭扫萧红墓，写下深挚动人的词作：

生死相隔不相忘，落月满屋梁。

梅边柳畔，呼兰河也是潇湘。

洗去千年旧点，墨镂斑竹新篁。

惜烛不与魅争光，箧剑自生芒。

风霜历尽情无限，山和水同一弦章。

天涯海角非远，银河夜夜相望。

（《风人松·为肖红扫墓》）

直至82岁那年，端木蕻良依旧写下《甲戌清明祭肖红》：

月落夜飞霜，孤鸾挽去凰。

水仙祠畔吟，桃叶渡头凉。

地腐草偏岁，天磨石转芳。

谁解华胥境，未醒壶中长。

如果说，人难免是有弱点的，那么端木蕻良的忙于事业、病体不支，因而未能全力照顾萧红，是不是难以原谅的过错？应该也不至于吧。他对萧红的“深情”，是由于欣赏和懂得而来，是“山和水同一弦章”的知音之情，后人何必抹黑呢？

　　萧红的生命历程是悲苦的，然而也是幸运的。在一个动荡的时代追求的自由与爱情，虽然不完美，却都是"高山流水"的精神层次的恋爱。她以"玉洁冰壶一寸心"的美好灵魂，在她所爱过的伴侣和友人心上，留下一生的深刻烙痕。

附录　现代诗 37 首

夏花　微尘

生如夏花
自顾自美丽
悲伤时依然绽放
欢乐时依然凋零

心若微尘
自管自飘泊
清风吹拂中飞扬
阳光照耀下闪亮

哪怕最阴霾的天气
都别忘记深呼吸
永存的只有自然
一切都会过去

（2009-12-20）

假如我是一棵树

——仿艾青《我爱这土地》作

假如我是一棵树

我会矗立在江南之外

为你遮挡漫天的风沙

当你走过　当你看见我嶙峋的枝干

当你惊叹我不屈的坚强

请不要为我遗憾

大漠的落日总是在忙碌之后对我静默凝望

千年的明月总是在黑暗之中与我温柔相约

春风没有吹绿我的衣裳

积雪没有冷却我的追寻

在肆虐的风沙来时

我把根深深扎在大地母亲的怀抱

每一天　都做一个沉酣而香甜的梦

为的是　醒来守护那一片梦里水乡

你问我为什么亘古坚持

因为我听到楼兰归来的将军经行处

那一声深沉的感喟

（2011-03-21）

镌刻时光

昨夜西风

可曾忆起杨柳的温柔

那是谁

抛却的青丝三千

留它绊惹春愁

而我

驾一叶扁舟

溯洄在你无尽的消逝里

不悲　不喜

今晨细雨

是否拨动城市的心弦

那是谁

遗落的珠泪成线

任它轻吟忧伤

而我

撑一把纸伞

伫立在你迷蒙的画桥畔

不来　不去

此宵明月

还应照彻西楼的岑寂

那是谁

幽囚的清秋无限

看它凋残朱颜

而我

酿一瓮月色

深藏在你如歌的行板间

不增　不减

（2011-11-24）

白马在天涯

我把春天

铺展成芳草离离

等待斜阳下

你达达的马蹄

敲响遥远的思念

我把夏天

吹拂作云朵飘飘

等待蓝天里

你依依的目光

融化旅途的疲倦

我把秋天

勾画出明月皎皎

等待旷野上

你萧萧的鸣声

伴奏舞蹈的诗篇

我把冬天
雕琢为冰雪皑皑
等待寒夜中
你盈盈的微笑
绽放尘世的白莲

（2011-12-19）

无 弦 琴
——致布衣老师

心
是无弦的琴轴
音
是无字的符契

弹一曲高山巍巍
你攀援崎岖的山路
怜惜
幽谷每一株兰草
深藏的芬芳

奏一曲流水洋洋
你漫步蜿蜒的河岸
爱护
涯畔每一丛青竹
倔强的骄傲

抚一曲春风有情
你驰骋辽阔的平原
懂得
荒野每一朵蒲公英
执着的追寻

拨一曲明月无语
你温暖寂寥的夜晚
洞悉
纸窗每一盏灯火
摇曳的悲喜

你是伟岸的父兄
你是睿智的师长
你是诗文的至交
你是弦乐的知音
你是剑胆
你是琴心

一曲无声
思绪轻舞飞扬
在你倾听的静穆里
天地清朗
山河安稳

（2011-12-23）

239

秋天的叹息

秋天已经老了
在大雁飞走的湖边
垂头瑟缩成芦苇的枯槁
最后一滴干涸的泪
嵌进岩石柔软的心

小桥依然寂寞
披一身憔悴的冰霜
铭刻的承诺已斑驳千年
等我驮着羁旅的梦
去追踪远方的黎明

星空歌谣绵延
还流淌童真的清脆吗
看一路昂扬的猎猎马鬃
在古道的萧瑟西风中
轻拂散心底尘烟

当人间的悲喜
在落日下缠绕成荒藤
是谁相约缓缓攀援而上
任时光背影呼啸而过
留一声温柔叹息

（2012-01-11）

遇　见

我从时光深处
策马而来
穿过雷雨狂暴
越过沙漠荒凉
仰天长啸
把黑暗的斗笠
抛向
遥远天边

碧草如丝
我处处张望你的罗裙
湖泊如镜
只粼粼荡漾你的笑影
飞奔啊飞奔
请你放慢脚步
捎上我
漂泊已久的心

天空拥抱大地
我拥抱你
一切阴霾
都已如此明媚
夕阳下欢乐携手
只为见证
我和你

遇见这一刻
无比的辉煌

距　　离

我是来自白垩纪的沙砾
沉淀着冰川期的痕迹
层层叠叠的风雨
湮没我的逃离
日日又年年
终于沉寂无言
一任青苔缓缓攀上
早已紧闭不再颤抖的唇

星星是身边汹涌的人潮
掠过幽幽暗暗的心空
一幕幕人世悲欢
明灭复闪烁
原谅我的冷漠
无法致意的双手
烙在岩石上的姿势
仍是千年前热烈的呼唤

安谧是无懈可击的优雅
而这猝不及防的夜晚

是谁以陨落的决绝

洞穿了我的心

瞬间的眩晕

擦亮最初的温柔

清风拂过摇曳的思念

光芒穿越天与地的距离

（2012-02-11）

明　天

当一场雷雨鼓点敲响

夕阳匆匆谢幕

脂粉尚浓

眼波天际流转

霓裳舞动最后一幕疯狂

春天的藤蔓站成围困的城

风在城外呼喊

无懈可击

转身跃入涟漪

水上一行行留下踉跄足迹

等着黑夜轻轻拥抱大地吧

乌云的心缀满尘埃

期待哭泣

如果明天的太阳依旧升起

我还将驾一叶苇草

奔赴大海

（2012-02-15）

归

渡头晚钟

坠落倦鸟的翅膀

青山敛眉

翕张迟来的东风

渔人泊岸

今夜明月是否归来

不系之舟

悠游泛过莽茫沧海

碧水长空

云翳倒影无尽流年

幽梦清笛

梨花缭乱舞袖漫天

（2012-02-26）

蒲公英的静好时光

远方的晨曦

轻轻抚平

黑夜的褶皱

岁月的河流

刚刚封冻

奔涌的忧伤

万物凋零之后

冰雪融化之前

蒲公英结绳纪事

绵密地编织

每一个

打伞的心愿

春天安谧无言

清澈的眼睛

盈盈倒映梦的光晕

温柔的风啊

明日携手天涯

记取这一刻

静好时光

（2012-03-08）

愚人节的女王

四月　溯流而下
听见子规依然声声
召唤遗失的灵魂
漫山遍野的杜鹃啊
刹那哭红眼睛

四月　千山暮色
看那池塘绽满荷钱
夏天约好会来
斜风细雨里等待
棋子闲敲黄昏

四月　雾霭隐去
太阳授予灿烂冠冕
大地幸福发芽
受潮的感伤都安暖
快乐引吭歌唱

四月　愚人码头
所有的心抛锚停泊
女王巡察驾到
情义的权杖点亮徽章
我在　你不孤独

（2012－04－01）

不灭的火种

是地底的熔浆
自顾自热烈喷涌
是鲜红的旗帜
在空中猎猎飘扬
是疯长的藤蔓
瞬间爬满了废墟
是无声的细雨
一夜浸润遍山野

黑暗来临的时候
我在荒芜的沙漠
用炽热的手掌
砌一个永恒的堡垒
以生命的熔浆为基石
用爱情的藤蔓作装饰
再把我远眺的眼睛
悬挂在寥落天际

当你仰望深蓝的穹宇
浩瀚里有我切切的叮咛
别让寒冷袭击无助的心
别把泪珠数成星星
亲爱的朋友啊
请握紧你的胸口
那里有不灭的火种

温暖你每一个无梦的夜晚

四月裂帛

十二只白鹭鸶

轻轻飞过我的水泽

翅膀下跌落的云

叮咚的韵脚

缠绵成一川烟草

满城风絮

薄凉的黄昏

渐渐黯淡

流年的光影

谁在温柔夜色里

掌一盏晕黄的忆念

低眉写下一首

绝版的诗

迦南之野

是回不去的原乡啊

亘古守护的红日

站在你眺望的悬崖上

四月的天空

期待一次

裂帛的尖叫

我 的 梦

山海相恋的地方

看白云飘飘

荡漾蔚蓝的微笑

听清风飒飒

拂尽远古的尘埃

当大地沉睡的时候

我只要我的天空

还有爱在漂流

白鹭停驻的岸边

数浪花朵朵

卷起起伏的岁月

抚碧草茵茵

蔓延延绵的光阴

当歌声消失的时候

我只要我的远方

还有美在守候

衔一枝精卫的枯草

掠过无垠的沧海

我将我的梦

在过去与未来之间
筑一个温暖的巢
当末日来临的时候
我只要我的世界
还有你在那里

（2012-06-04）

云端的玫瑰

漂白的梦
放逐在高高的云端
不断凋零的时光
以玫瑰最美的剪影
托举你的绚烂

透过云翳
俯身看那尘世的海
深夜不熄的灯火
以春暖花开的眼神
守护你的执着

夜的呼吸
温柔这破晓的宁静
乘风而来的青鸟
以自由飞翔的姿势
舒展你的理想

亲爱的你
让光与影的旋律谱写
每一个闪亮的日子
以今生无悔的耐心
等待敲门的声音

（2012-06-16）

在水一方

你以深水为智
智慧如大海的浩瀚
当日月轮回
便引热情奔涌不息

你以流水为心
心事似天空的阴晴
当忧伤来袭
便化细雨淅淅沥沥

你以清水为灵
灵魂是云彩的轻盈
当阳光照耀
便见梦想随风飞扬

岁月悠悠
时光闪回瞬间悲喜

深情无悔

生命追求永不止息

水做的女子

你有一颗永爱禅心

（2012-07-01）

七月的浪潮

礁石

千年守望

一任潮起潮落

拍击古老的心扉

金色夕阳

轻轻抚摸自己

沉默的容颜

大海

卷起七月

欢乐的蔚蓝

奔涌嘹亮的激情

透明的浪潮

融汇天空与大地

无言的默契

光影

瞬间永恒

一个平淡安宁的夏日
当礁石化为流沙
当海浪凝成眼泪
璀璨的仍是
黄昏记忆

（2012-07-28）

向晚的小城

等你太久
暮色已温软成
掌心橙色的锦缎
丝丝缕缕
将缠绵的旧时光
在那把古老的藤椅上
来回轻轻摇晃

当我老去
停住流浪的脚步
安居于岁月荒芜的绿城
在夜莺的歌唱里
在秋虫的触须上
你还识得
来时的幽径么

跫音不响

附录 现代诗37首

紧闭的门扉不开

只有墙角那辆

用铃铛铿锵了青春的自行车

在江南润湿的眼眸中

曾经无数次

深情抚摩过

我平平仄仄的回忆

（2012-09-21）

暖

当第一群寒鸦飞过天空

黑色的羽翼

将一支支断残的铁戟

深深刺破天空

我看见冬的伤口

飘落纷纷扬扬的雪花

沉郁缠绵

哪怕眼中的泪

会汇成忧伤的河

哪怕心上的痛

会谱成荆棘鸟的歌

用爱与美雕刻每一个孤独的年轮

光阴也带不走倔强的枝桠

末日来临的时候

仍静默庄严

这是适合蛰伏的季节
任岁月千般流转
在暗夜里点燃心灵的星光
沏一盏信念
依偎着温柔的炉火
摊开遥远的年代
漂浮于思想无际的空间
飞翔在明天的太阳边

（2012-12-12）

你是我掌心的鸽子
——奥地利电影《爱》影评

衔着明媚的春光
你扑啦啦闯进我的房间
在光阴无际的漂移中
你在我掌心的逗留
哪怕再漫长的一生
也仅仅是
眼前这短暂一刻

你的羽毛光洁
你的眼睛明亮
你用朱红小巧的喙

轻轻啄我的心

一下　又一下

荡漾　一圈又一圈

甜蜜的悸动

你是我掌心的鸽子

仿佛瞬间老去

受伤的羽翼无力奋飞

亲爱的　别怕

让我用絮语和回忆

捕捉你每一秒的光辉

用今生所有的谦卑和温柔

低低为你吟唱

我爱　可留下你的

那是一架华丽的笼子

遍布痛苦与屈辱的格子

只有自由和尊严

才了解你的翅膀和骨骼

生命凋零的地方

我们的灵魂会真正苏醒

生与死的相隔

并不遥远

当我们有一天

不能用身体相爱的时候

就在最后引吭一曲的优雅里

从容与人世告别吧
安静地推开那扇自由的门
相伴飞翔

（2012-12-31）

春天的约定

这个春天
爬满常青藤的窗口
我送你远行
寂寞的翅膀
呼唤远方的天空
灿烂的太阳
在你的眼中飞翔

如果爱是一种宿命
就让我的掌心
保留你最初的温柔
此去万水千山
自由的路途
让月光默默陪伴
你栖息的寒枝

最后再看一眼
这个古老的城堡吧
记得我们的约定

257

哪怕岁月侵蚀了容颜
哪怕风雪剥落了希冀
你的归来
是我不能放弃的守候

（2013-03-02）

向晚，那一抹蓝

如果有来生

我愿是一只水鸟

隐居在遥远的天之涯

大海以深邃的浩瀚

托举我自由的灵魂

在每个夕阳燃烧的黄昏

轻轻飞翔在

温柔的云霞间

如果有来生

我愿是一只水鸟

栖息在茂密的芦苇丛

草木以低垂的谦卑

覆我以安恬的休眠

在每个明月盈盈的夜晚

静静沐浴在

皎洁的清辉中

如果没有来生

我只能在向晚的微凉里

平息人世所有的悲欢

看渐渐隐去的浪潮

带走昨日的痕迹

在海天一色的蔚蓝里

让每一个日子

重新闪耀露珠的晶莹

（2013-03-12）

六月，追风而来

是谁赤着脚丫

追逐天际的流云

逗弄麦浪一垄一垄的狂欢

将整个春天的芳醇

封存在青青的果浆里

是谁素手纤纤

扇动午间的微凉

走过一树一树的枝繁叶茂

摇曳盛放的花朵

洒落满地明媚的笑靥

今夜星星点灯

夏虫轻轻弹拨琴弦

在天地酣酣甜甜的呼吸中
所有深情的耳朵
都听见你悠远的吟唱

（2013-06-06）

冰　荷

雪
无声
覆一层心事
晶莹透彻

莲
沉潜
在游鱼身边
绕作青藻

我
俯首
于时光深处
静默不语

（2013-11-13）

落　雁

昨夜微霜
银河淌过深蓝的天幕
你轻灵的羽翼
倏然收敛
深情的歌在秋天坠落

落叶金黄
一丝丝细数诗的脉络
凝望夏季的灿烂后
让我折下岁月的枯枝
燃亮这个夜晚

相逢之暖
流转如江河不息
在蒹葭苍苍的那一方
你回眸过的蒲公英
永远飘洒情谊的温馨

莫叹烟雨
一程又一程的风景
绵延成千山万水
不灭的篝火
辉映你万重云间的幸福

（2013-11-29）

261

雪 中 莲

等待
灯火寂寞
小桥冰封
雾霾拉上帷幕
心中的雪花
瓣瓣飞扬

思念
固执地站成
风中的莲
六月的裙裾
沾染的依旧是
荷叶的清香

莲子
深藏心房
温热一冬的守候
若你不来
我拒绝
雪化的春天

（2014-01-04）

在一千个春天里重逢

——致槿

我想我邂逅过你

千年之前

跋涉在泥融的阡陌上

望见你在碧绿的溪畔浣纱

纤纤素手

拂过的每一条苎麻

都会柔韧成温软的丝

穿越时光

我想我思念着你

连宵寒风

呼啸过沧海桑田的故事

万里的桐花

还悬浮在大雁的翅膀下

而你守候在永恒的丹山

以竹篱茅舍的炊烟

温暖记忆

我想我会与你重逢

一千零一次凝眸

被春天加冕的女王

深坐于苏醒的植物花蕾里

在白雪的信笺上

召唤心的鸟鸣

召唤灵的蝶舞

召唤每一寸拔节的希望

（2014-02-17）

住在树心里的春天

默默伫立

在黑暗的地母怀抱

向高远的天空

扬起倔强的枝桠

听遥遥河畔

一丝破冰的声音

撕裂冻僵的岁月

看慵懒东风

悠游起舞

离离芳草

殷勤铺满天涯

守候谁的跫音

青翠的汁液汩汩蜿蜒

涨满干枯的指尖

缠绵细语的雨

将昨日堆积的思绪

轻轻弹奏出一朵朵

久违的音符

桃花谢了又开

燕子去了会来

在四月葱郁的牧歌里

绽放绿色的希望

用今生最丰盈的年轮

镌刻温柔时光

一棵爱恋春天的树

心中生长的记忆

永不凋零

（2014-04-22）

怀想一朵莲花

隔岸望去

光阴悠悠流淌

歌声消失的地方

记忆如一塘风叶起舞

而你依然

以一朵明媚的安静

独立于众荷之外

月色温柔

将昨夜最亮的星辰

悄悄嵌进

你幽闭的心房

风露清愁酝酿的诗

265

一句句徘徊成

天光云影

雨后晴空

画一道绚丽彩虹

怀想一朵莲花

从涟漪中冉冉升起

此生最好的时刻

愿你在这广阔世界

完美绽放

（2014-07-01）

秋天，不死鸟的传奇

秋天的衣裙

鼓荡着干草的气息

掠过金黄的林梢

大地的果实已经萎落

田野荒芜了诗篇

鼹鼠的地窖里

用黑暗秘密封存

所有生命青葱的记忆

秋天的脚踝

装饰着银色的铃铛

响彻在忘川河畔

殷红的彼岸花次第盛开

多少次生命轮回

花叶生生相错

那些春天里的恋歌

一冬永不听见

秋天的睫毛

覆盖依然清澈的瞳仁

湖面升腾起清凉的薄雾

檀香木的芬芳

引燃重生的渴望

她的怀里

还有一只爱的不死鸟

老去的羽翼吻着炽热的火焰

在灰烬中一次次重生

（2014-09-22）

我在光阴的潜流里静默溯洄

月光轻摇岁月的舟楫

我在光阴的潜流里静默溯洄

水草绵绵絮语着朦胧心事

晃动白云苍狗的涟漪

那星星点燃的渔灯

召唤着红泥火炉的温暖

撒下一网柴米油盐的日子
等待我投靠的鲜美

据说　鱼的记忆只有七秒
我的鳞片却开遍思念的罂粟
每一寸酌饮深蓝的骨骼
都烙印着雪山的晶莹

每一滴拥抱我的水
都以变幻的陌生容颜
提醒我抓住生命的藤蔓
攀援回扶桑树下的金色原乡

江河阔大　路途遥远
阳光写下千年空寂的神秘传说
我贴着歌谣流淌的古老气息
触摸大地深沉无言的悲悯

那些隐身的珊瑚和礁石
见证多少鲨鱼的桀骜
而那些蛮横而贪婪的熊
正等待扼住掌心倔强的挣扎

但我仍要溯游而上
与你在江河交汇的峡谷相遇
沉入彼此澄澈的呼吸里
聆听灵魂不息的歌吟

以两岸迢迢的青山相约
让我们在飞瀑中
一次次逆流跃起
重返儿时的童话王国
在最初的梦想里
找回自己

（2014-12-31）

再不和你说分开

十二月的风雪
正从远方匆匆赶来
大地冰封之前的黄昏
我从九月漂泊的浮槎上岸
哪怕行到山穷水尽
还是要与你相见

惊蛰的雨水
还在深海呼唤
一朵失忆已久的云
落日的恋人啊
披一袭金色的长衫
慢慢走向熟悉的海平线

最冷冽的冬天里
想给岁月写一封情书

折一枝六月的莲灿

以汹涌的大海为墨

在四月裂帛的天空写下

再不和你说分开

（2015-01-04）

通往内心的朝圣之路

北风璨然　指尖如戟

划然扯开天际的裂帛

我看见一意孤行的太阳

越过人间的阴翳

依然奔跑在蔚蓝澄澈的天宇

江湖阔大　烟波浩淼

我要逐思想的山林而居

修建起内心的寺院

树一尊颔首低眉的佛

看清自己在人群里如蚁的行走

山势崎岖　拾级而上

每一步都是黑夜砌成的沉稳

五百罗汉谁是真身

觉者在幽微的梦境里

拈花一笑中隐现野渡的舟筏

（2015-12-08）

风雪夜归人
——写在 2015 年冬至夜

雪
十一月的雪花
纷纷扬扬飘落天涯

风中
有你的低唤
轻轻掠过那些葱绿的时光

一叶舟
停泊在我的眉睫
每一桨都漾起六月的莲灿

今宵的月
斜倚一座苍山的沉稳
小小的茅屋升腾起梦境的温暖

我不是旅人
爱殷勤引领黑夜的路径
窗口灯火缓缓染红每一根清寒的骨骼

[附录] **逢雪宿芙蓉山主人**

（唐）刘长卿

日暮苍山远，天寒白屋贫。

柴门闻犬吠，风雪夜归人。

（2015-12-22）

梵高的月亮

安居于人间

我是一座静谧的村庄

青山绿水缓缓围绕

傍晚的竹篱炊烟

袅袅升起淡蓝的依恋

心中的教堂巍峨庄严

欢乐颂总在暮色里悠然响起

今夜星光灿烂

一棵向天空祈祷的柏树

以奔跑的姿势

涌动太阳系的浩瀚

把一颗颗爱的种子

播撒在梵高的梦境里

旋舞的笑靥洒落铃铛声声

一半是璀璨天宇

一半是宁静大地

我看见你身披金黄的铠甲

踏着潮汐的步伐而来

亲爱的月亮啊

愿你是开在星空的向日葵

每一束光芒都温暖生命的明天

（2016-02-13）

起风的江湖上，划亮一根火柴
——《我的诗篇》影评

每一道卑微的江河

都有奔向大海的渴望

那些阳光背后潜行的暗流

是大地深沉的叹息

风，卷起一涡一涡的忧伤

将生活的泥沙

融汇成一股浩大的浪潮

呼啸着涌向每一个平淡的日子

繁华的欲望都市

在夜店的狂欢中灿若罂粟

每一个流水线上踉跄站立的身影

都沾满了机器的喧嚣与冷漠

山水遥远，故乡落寞

只有心中的歌谣经久不息

模拟一场月色温柔

唱给黑夜这张病床上挣扎的人

今晚星光璀璨

起风的江湖上，划亮一根火柴

荧屏上的诗篇是你亲手点燃的烟花

天空中朵朵绽放的

是残酷的美还是永恒的爱

时代的潮水涨得太快

轻易就淹没了那些仓皇无助的目光

在被遗忘的岸边记得大声呼喊：

我们都该有一张船票，渡向共同的明天

（2016-07-28）

跋

把花赏遍　把爱写完

秋天的阳光正好，暖暖地洒在身上，全无夏日的炎热。似有若无的风轻轻拂过，一地金黄的光芒，跳跃着已凉未寒的惬意。南方的树木，大多是四季常青，一眼望去，仍是一派苍翠蓊郁。窗外不远处的海面，变幻着白日里漾漾的湛蓝波光，和夜晚粼粼的莹白月色。每天按部就班的生活，依旧如此舒缓而安谧。

最近埋头整理萧红阅读札记《一钩新月天如水——现代作家萧红的三维品鉴》，第二次大动干戈，从社会、历史、文学和思想角度，将原稿补充到了二十余万字的篇幅。藉此机缘，回首梳理了五四新文化运动的历史，又重新温习了胡适、鲁迅、周作人等思想文艺大家，心中大有感触。民国大师真可谓博古通今、学贯中西，其学问见识之博大精深，我辈简直连零头都赶不上。几十年的文化摧残，和如今应试教育的闭门造车，让我们离文化愈来愈远了。有生之年，若能抛却俗念，常与古今贤哲对坐，静心研读品赏，也算不负来此尘世一回了。

前些日子看到天天给梅子浅笑所写的书序《暗香》，特别喜欢她的一句话："在这世间，我爱女子，甚于爱男人，女子缤纷如花，性情大有相异处，若我们愿意心盛梅香，满目河山，便处处是美。"我亦爱女子，那

些高洁、优雅的身影，那些柔软、热烈的心灵，那些真挚、丰富的生命，如同大地上万里锦绣的植被，靓丽了大千世界。当然，还有那些曾经匍匐在巨石下、攀援在山崖间的不屈灵魂，也是我们追寻理想的姐妹啊。

之前动念写萧红，是因为围绕她的种种口舌纷争，更痛心于那些不逊的言辞。如果没有五四时期那些勇敢逃出家门、执着奔向自由和光明的前行者，中国女性的解放之路，还可能延伸到今天吗？当我们小时候与男生一起坐在教室里读书、长大后与男性一起在社会上工作、享受共同的待遇与福利的时候，没有理由嘲笑她们曾经的稚拙与脆弱。没有懂得，就没有慈悲，我愿意竭尽我的微薄之力，去寻找通向萧红心灵的思想路途。

一切艺术与哲学，本质上都是无用的，然而却是心灵最好的归宿。我觉得我能够理解萧红的地方，就是她那些永远虚无缥缈的追求。为了理想，放弃被安排的安逸和有钱人家少奶奶的稳定；为了尊严，放弃二萧神话的面子和社会舆论的支持；为了自由，一次次勇敢地转身；为了爱，一次次无畏地燃烧。探索生命存在的意义，需要放弃的是势利的眼光和世俗的评判。穿越魏晋与民国，这些风姿卓荦的人，对我的吸引也正源于此。

想这世间，纷纷扰扰的争逐里，能够找到自己喜欢的一条林间小径，哪怕是走孤独的路，那无边的丰美景致，也足以泯灭一切人情世故里的得失了。如同常常在博客上见到的"人间草木"——槿，看看她在一年四季里的藏花和细语，便觉心上有无尽清凉。这是多么美好的女子，以棉麻质地的温暖与柔和，包容这世界的坚硬与冰冷，一手擦眼泪，一手画花朵，纪录一切美与好的瞬间，生无所息，爱无止境。她在我心里，也是与萧红同质的向美向好的良善女子啊！

然而，与我们同行的，仍然是这世间的男子。人的品格和境界的高下，也将他们塑造成山川河流，抑或砂砾尘埃。宽容一切必然的存在，感恩所有相遇的缘分。在生活中有兄弟般热诚的同事，在网络上有师长般恳切的挚友，有了你们高山流水的琴音，这世界才如此清朗和安稳。

海纳百川，有容乃大；壁立千仞，无欲则刚。人在世间，随遇而安，但与同行的友伴，一路言笑晏晏，把花赏遍，把爱写完。

2014-10-13

跋　把花赏遍　把爱写完